崖っぷちの物流DX導入マニュアル

ロジスティクスの最適化を急げ!

鈴木邦成
中村康久　著

NTT出版

はじめに

高度情報化社会の到来が本格化するなか、物流デジタル化への関心が高まっています。ネット通販（ＥＣ）市場のさらなる拡大、フードデリバリーサービス市場の大きな将来性など、物流の効率化、高度化をデジタルシフトの視点から見直し、刷新する必要性に迫られています。

そこで本書では、物流のデジタル化やＤＸの導入について、企業事例を交えながら解説し、あわせて中小企業やベンチャー、スタートアップ企業などが、どのような方針やプロセスで物流ＤＸの導入を進めていけばよいか、その方法についてわかりやすく説明していきます。「物流ＤＸに興味がある」「物流ＤＸをこれから導入したい」という企業が本格的なＤＸの導入に着手する前に、まず知っておくべき基本中の基本や落とし穴に陥らないために留意すべきポイントを解説しています。

本書の構成は次のとおりです。

「第１章　物流ＤＸの基本としくみ」では、物流ＤＸの基本的な考え方やしくみ、さらにはどのような流れで注目されるようになってきたかという背景などを説明します。物流ＤＸの導入の前にデジタル化をできる部分から進めていきたいという企業も少なくないと思います。ＤＸの導入をどのような方針で進めていくかを説明します。

「第２章　物流ＤＸプラットフォームの構築」では、プラットフォームについての考え方がＩＴ技術の飛躍的な進歩のもとに大きく様変わりしていることを、事例を示しながら紹介していきます。

「第3章　デジタルサプライチェーンと物流ＤＸ」では物流領域の上位にあるサプライチェーン領域についてもデジタル化が進んできていることに焦点を当てて解説します。

「第4章　物流トレンドから見るデジタル化の条件」では物流現場の課題をいかにデジタル化により解決するかについて解説します。

「第5章　レガシーシステムから物流ＤＸへ」では、既存の物流情報支援システムの抱える課題を解説します。あわせて物流ＤＸの必要性とその効果を説明します。企業のレガシーシステムをいかに物流テックなどと融合させたうえでアップグレードして消化していくかを説明します。

「第6章　物流ＤＸの導入の前に」では、スタートアップ企業などが自社のコアビジネスを効果的に推進しながら、いかに物流ＤＸに着手するべきか、その方針やプロセスについて解説します。

「第7章　サプライチェーンにおけるＤＸテクノロジーの展開」では、最新の物流ＤＸ事例を解説し、５Ｇ以降の情報通信環境とその恩恵を受けることになる物流ＤＸのビジネスモデルを紹介します。

５Ｇ以降の社会状況を見ると、非対面や省人化が進み、物流においてもデジタル化やＤＸに対する注目と需要が、さらに高まっていることがわかります。その流れのなかで、物流と情報を融合させるかたちで、新しいビジネスモデルが創出される可能性はますます高まるといえます。本書を読むことで読者の皆さんが物流のデジタル化や物流ＤＸの導入についての理解を深め、実務に活用していただければ、筆者にとって望外の喜びです。

鈴木邦成
中村康久

目次

第7章　サプライチェーンにおけるDXテクノロジーの展開　189

第1章

物流DXの基本としくみ

1 絶えず進化するテクノロジーが人々の暮らしを変える
――物流の大変革を引き起こすデジタルシフト

デジタルトランスフォーメーション（DX）がビジネスシーンにおけるキーワードとして注目を集めています。

DXはスウェーデンのウメオ大学のエリック・ストルターマン教授が提唱した概念で、「絶えず進化するテクノロジーが人の暮らしを変革していく」という考え方です。我が国においては、コロナ禍前に経済産業省が「デジタルトランスフォーメーションを推進するためのガイドライン（DX推進ガイドライン）」をまとめており、コロナ禍を経験してより一層の浸透が期待されるようになりました。これにはコロナ禍でリモート環境が奨励されるようになったことが大きく影響しています。テレワークなどの在宅勤務の普及がオフィスなどでは進みました。物流業界も他の業界と同様に可能な限り密な環境を避ける努力が求められるようになり、物流センターなどでの省人化、自動化、さらには無人化を進める動きが加速し、「物流DX」として大きな関心が集まるようになりました。

コネクティッド社会とDX指向への流れ

インターネットの発達で、ウェブ上には膨大で複雑なデータの集合（ビッグデータ）が蓄積されるようになり、IT分野の加速度的な発達もあってビッグデータがスマートフォン、パソコン、デジタル家電などのデバイスとウェブを介してリンクし、IoT（モノのインターネット）と呼ばれるようになりました。さらにＡＩ（人工知能）の進化も加わり、デバイスが学習を繰り返しながらインターネットとリアルタイムでつながるコネクティッド（接続化）社会に世の中が向かい始めています。

このコネクティッド社会へと向かう流れとＤＸを指向する流れが合流し、強力なデジタルシフトが発生しました。コロナ禍でＤＸという概念自体がより洗練されたともいえます。その結果、システムが部門ごとに別々の基準ややり方で構築されているためにサプライチェーン全体での情報共有に支障をきたすような企業、産業は、システムの一新を検討しなければならなくなってきたのです。

5GはDX社会を支える通信基盤

コロナ禍においてＤＸが推進される流れのなかで物流業界もＤＸを推進しました。たとえば、ＤＸを推進することで紙伝票を撤廃し、配送伝票のやりとりや受発注業務の効率化、ミスの防止の徹底などの実現を目指しています。

ＤＸ社会を支える通信基盤となるのは、世界各国でサービスが開始され始めている第5世代移動通信システム（５Ｇ）です。ＩｏＴによりインターネットにつながる環境が常備されているスマート工場やスマート物流センター（スマートウェアハウス）が物流ＤＸを支えていくことになります。スマートフォンやＲＦ（非接触）タグを活用することで貨物情報や作業進捗状況に関するデータを収集し、可視化させ、改善活動などに活用していくことが可能になります。

コロナ禍では社内外のオンライン会議も増えました。そしてその会議資料もデジタルデータのレベルで共有され、動画も録画により保存されていくようになってきました。

現場で進められている物流DXトレンド

ＤＸは経営の中枢だけの話ではありません。物流の現場でも推進されていくことになります。重要な役割を担うことになるのが、トラックドライバーなどが使う業務用携帯端末やその機能を併せ持つスマートフォンなどです。

たとえば内閣府、国土交通省などが推進しているＳＩＰ（戦略的イノベーション創造プログラム）スマート物流サービスの研究項目には「物流・商流データプラットフォーム」があります。トラック輸送の現場に係わる貨物情報、輸送状況、位置情報などをスマートフォンも含めた業務用携帯端末を用いて、共有、可視化することを目指すプラットフォームです。

さらにいえば物流・商流データプラットフォームの構築で大きな役割を担っているのがＡＰＩ（アプリケーションプログラミングインターフェース＝アプリケーション外部連携）です。ＡＰＩとは、内部システムと外部システムをつなぐ標準化されたインターフェースのことです。デジタルエコノミーの繁栄の基盤となる考え方ともいえます。ＡＰＩを活用することで外部サービスとの連携がスムーズに行うことができます。

物流・商流データプラットフォームでは、ＡＰＩによりトラック輸送の現場から集荷情報、伝票情報、貨物追跡情報、入荷バースなどをウェブ上で確認できるようになります。トラック輸送の現場の一連のプロセスがデータ化され、可視化され、共有されることで、これまで以上に効率的で高度な物流オペレーションを実践することが可能になります。

図1-1　物流DXネットワークの構築

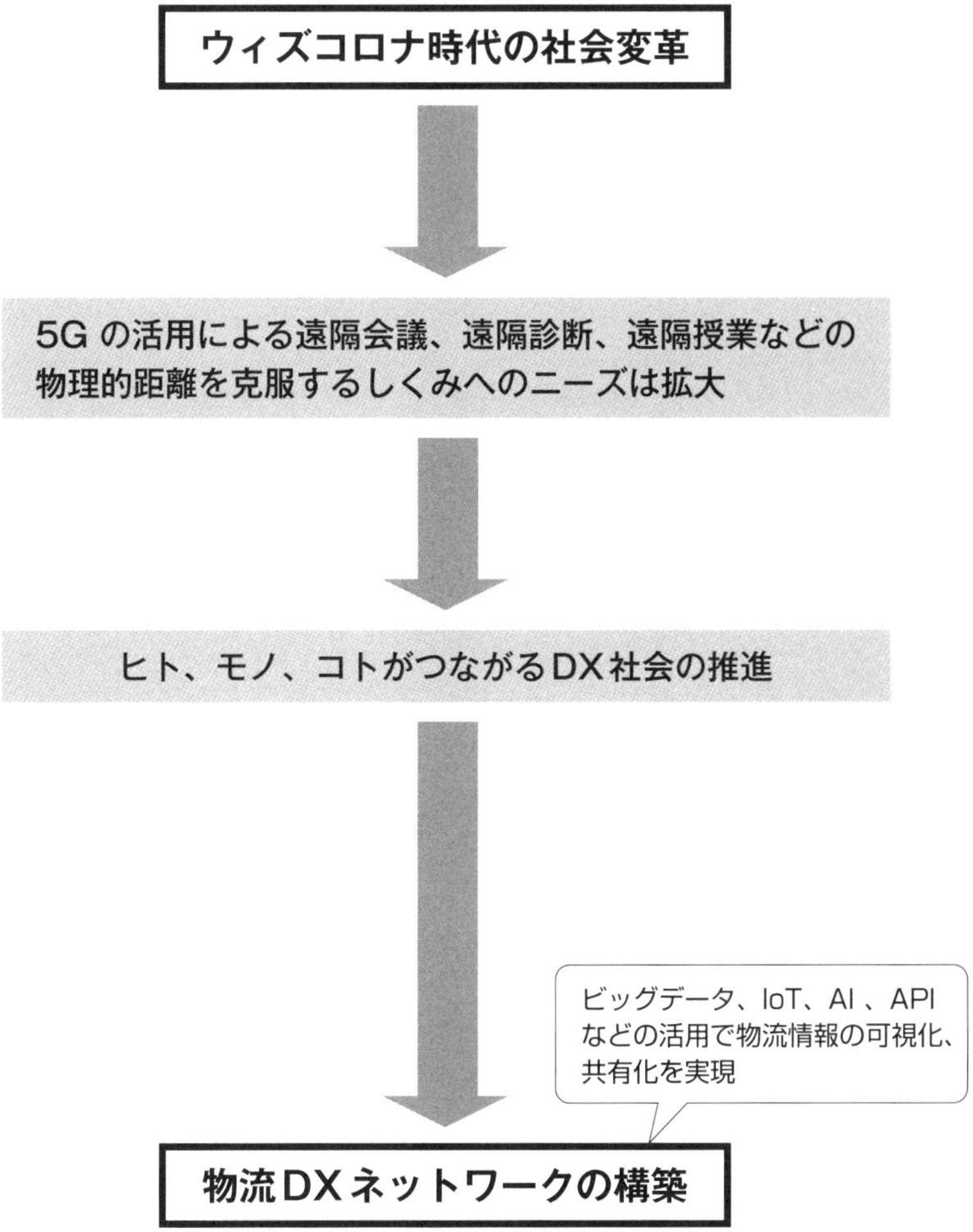
ウィズコロナ時代の社会変革
5Gの活用による遠隔会議、遠隔診断、遠隔授業などの
物理的距離を克服するしくみへのニーズは拡大
ヒト、モノ、コトがつながるDX社会の推進
ビッグデータ、IoT、AI 、API
などの活用で物流情報の可視化、
共有化を実現
物流DXネットワークの構築

このように、ＤＸの推進で物流の現場でもトラックドライバーの手待ち、荷待ちなどの負担を軽減したり、帰り荷の確保をよりスムーズに行えるようにしたりするしくみ作りが進められています。これまで以上の規模とレベルでモノと情報がリンクし、効率的に使いこなせる環境が構築されようとしています。ＤＸの推進で勘と経験に頼っていた社会からデータに基づいた社会が到来しようとしているといえるでしょう。

2 少子高齢化が物流ＤＸ推進の背景
――手動・手作業から機械・自動化へ

物流ＤＸがこれほどまでに注目されるようになった理由や背景を考えていきましょう。

まず「少子高齢化による労働力不足」があげられます。トラックドライバーも倉庫内作業者も高齢化の波に襲われ、若い労働力が集まらないということがあげられます。その対策として、国土交通省が推進しているのが「ホワイト物流」です。トラックドライバーや倉庫内作業者の労働環境を改善することで「魅力ある職場」を創出していこうという取り組みです。

そのための推進力となるのがＩＴであり、ＤＸです。加えて、自動化、無人化を推進することで効率化を図るという考え方も広がってきています。「若い働き手がいなければ、自動化で労働力を補う」というわけです。そしてその究極的なゴールが「物流の無人化」です。物流ＤＸを推進していくことで手作業、手荷役から完全自動化に変換を図っていくのです。

この流れを加速させてきたのがニューノーマル時代に向けての「３つの密（密閉・密集・密接）の回避」でした。宅配便はこれまでの対面から置き配も認める方向にシフトしてきました。物流センターなども可能な限りの自動化が推進されています。多くの企業が業務形態にオンラインを導入しました。受発注や在庫管理などの物流業務についても、これまでの紙媒体中心からデジタルデータ中心に変えていく必要が出てきているのです。

段階を踏んだ導入が必要

ただし、ヤミクモなＤＸの導入は避けなければなりません。これまでの職場環境に慣れ親しんでいたスタッフが多ければ、かえって効率の悪化につながるリスクもあります。また、ＤＸ自体も進化の途中にあり、アナログのほうがまだまだ迅速、柔軟に対応できるという場合も少なくありません。そこで必要となるのが、「どのようなプロセスでＤＸの長所を最大限に生かせるか」という視点からのアプローチが大切になります。

そしてＤＸ導入の手順としては、まず「ＤＸの導入により何を行うか（目的）」ということを明確にします。たとえば「受発注業務を、紙媒体からデジタル媒体にしてＲＰＡ（ロボティクスプロセスオートメーション＝事前に決められた手順を自動化するしくみ）などのシステムを導入して再構築したい」というように具体的に決定します。そのうえで「ＤＸによりどのような効果が表れ、どのように企業が変わっていくのか」というビジョンと戦略をはっきりさせます。そのとき、ＤＸによりどのようなメリットがあるのかが明確化されなければなりません。

目的やビジョン、戦略が定まったところで、ＤＸ推進のためのプロジェクトチームを発足させて、実現までのロードマップを明らかにします。どれくらいの期間でＤＸを実現し、いつまでに成果を出すかということを見えるようにします。さらにいえばすでにＩＴシステムを導入している場合は、それがレガシー化（老朽化）していないかどうかの検討も必要です。

下準備を十分に行ったうえでのＤＸ推進が好結果につながります。また、一つの成功により横展開の可能性も生まれ、前述の受発注業務のＲＰＡ導入の場合、ＤＸがうまくいったら納品書ピッキングリストの作成などにもＲＰＡの導入と活用を図ることもできます。

求められるプラットフォームへの対応

また、自社が主体となってのＤＸとは別に、業界全体、あるいは複数企業がメリットを享受できることを前提としたデジタルプラットフォーム構築型の物流ＤＸモデルも注目を集めています。自社のシステム構築とは異なり、いかにデジタルプラットフォームに対応していくかという順応力が問われます。

代表的な例として物流センターなどのバース予約システムを考えてみましょう。

これまで物流センターへのトラック納品は先着順となることが多く、そのため、多くの物流センターでは順番待ちのトラックが列を作るなど、トラックドライバーの労働負荷増大の要因ともなってきました。

しかし近年、バース予約システムが登場し、トラックドライバーは納品の順番を事前にクラウド経由で予約できるようになってきました。

こうしたＤＸは個々の企業の取り組みの成果というよりも、プラットフォーム運営会社がＡＰＩ（アプリケーションプログラミングインターフェース＝アプリケーションのデータ連携）により、ＤＸ機能が拡張されていることによるものです。言い換えればタブレットやスマートフォン端末を扱うことで、現場でもＤＸが可能になっているわけです。

システム構築のコストやインストラクションは必要ありませんが、タブレットやスマートフォンなどの端末を揃える必要はあります。バース予約システムなどの場合は、ＤＸのソフト面のハードルは低いのですが、ハード面の環境の整備を行う必要はあるといえるでしょう。

もっとも経営者にとって、ＤＸの導入や活用にかかるコストはソフトウェアにせよ、ハードウェアにせよ、できれば必要最小限に抑えたいところでしょう。

実際、多額のＤＸ投資を行っても、システムがすぐにレガシー化したり、メリットを享受できなかったりするリスクは決して低いとは言い切れません。

ただし、それでもＤＸの推進に背を向けられないのは、導入という選択肢を一切顧みなければ、時勢に大きく取り残されていくリスクが出てくるからです。

実際、物流業界でもＤＸの導入を推進する方向性が強まっています。

とくにＤＸの導入を売りにしているわけでなければ、トップランナーとなる必要はないかもしれませんが、ラストランナーとなれば競争力は大きく削がれることになります。独走することなく、周囲を見渡しながら、ＤＸを着実に進めていく姿勢が求められることになるのです。

図1-2　バース予約システムによるデジタルプラットフォームの構築

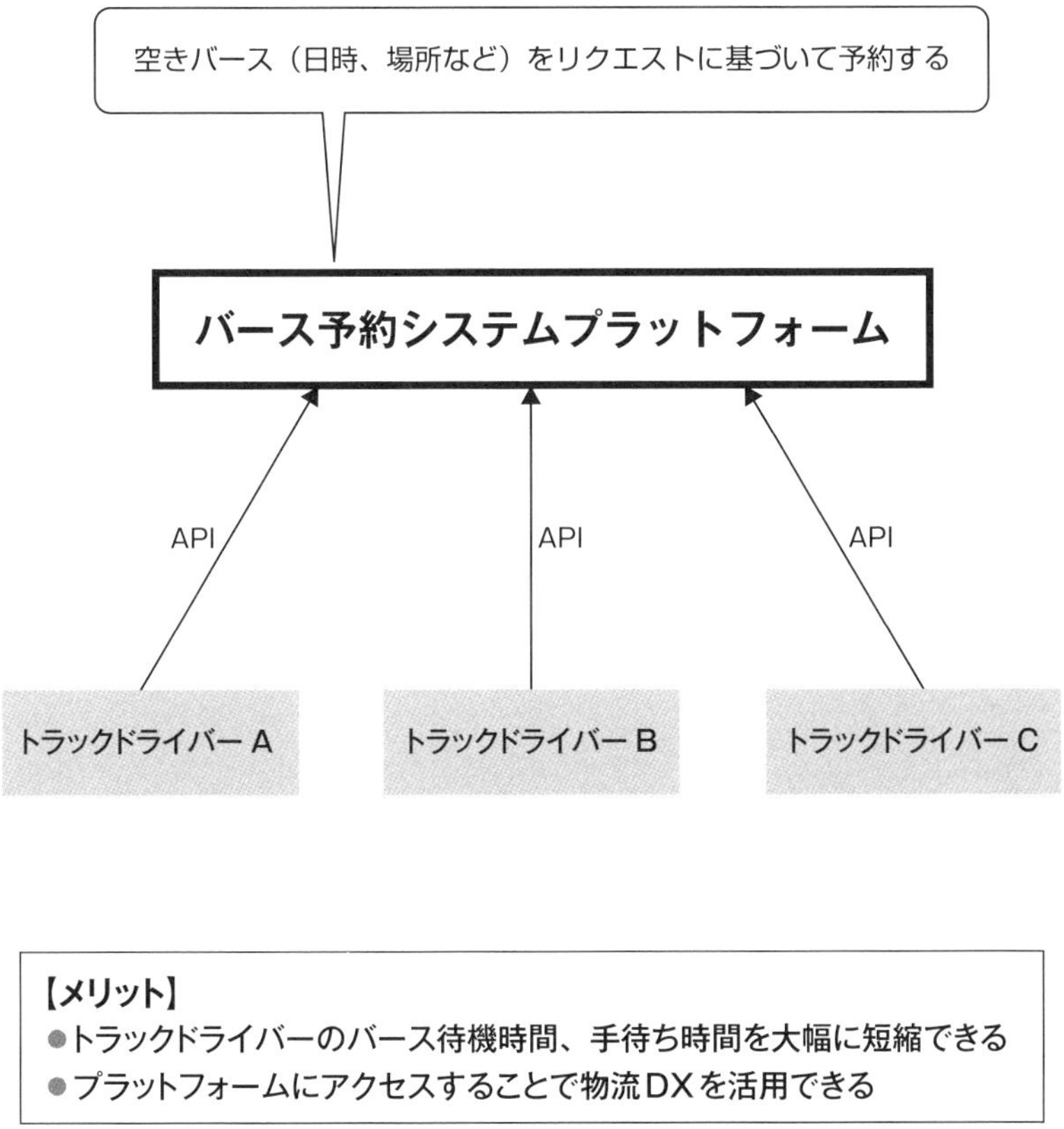
空きバース（日時、場所など）をリクエストに基づいて予約する
バース予約システムプラットフォーム
API
API
API
トラックドライバーA
トラックドライバーB
トラックドライバーC
【メリット】
●トラックドライバーのバース待機時間、手待ち時間を大幅に短縮できる
●プラットフォームにアクセスすることで物流DXを活用できる

出典：特許第7148960号　車両割当装置、車両割り当て方法、およびプログラム
（発明者：鈴木邦成、村山要司、出願人／特許権者：学校法人日本大学）を参考に作成

3 様変わりするデジタルプラットフォーム
――もはや設置ビジネスではなくなったプラットフォームの構築

従来、ビジネスとは、優れた商品やサービスを提供した企業が成功を収めるものでした。いわば単純で直線的なビジネスモデルです。しかし、近年は「最先端のデジタルテクノロジーによりネットワーク効果を最大限に活用した企業が成功を収める」という「プラットフォーム型ビジネスモデル」に変化してきています。

直線型ビジネスモデルの企業の例としては、伝統的な重厚長大な基幹産業の大企業です。他社より優れた商品をたゆまぬ努力で開発、提供した企業です。サプライチェーンも直線的で、商品が工場で生産されてから顧客の手元に届く過程で価値と情報が一方的に移動していきます。

これに対してプラットフォーム型ビジネスモデルは、デジタル基盤のうえにサプライチェーンを立脚させ、製造業、流通業、物流業、一般消費者などのプレーヤーはその基盤とダイレクトに結ばれています。

プラットフォーマーはホールセラー（卸売業）に近い役割を担います。たとえば、ネット書店が創業時の中核ビジネスだったアマゾンドットコムは、現在はプラットフォーマーと化して自らが卸売業であることを認めています。ウーバーイーツはレストランなどの飲食店とデリバリーを担当する配達パートナーをデジタルプラットフォームを介して結んでいます。

ただし、「プラットフォームを先んじて構築し、そのビジネスの胴元となれば、競合他社に対する優位を確立できる」という発想は、物流のデジタルシフトが大きく進む現状では時代遅れかもしれません。確かにこれまではデジタルプラットフォームの構築には時間がかかり、いったん構築してしまえば、多少、システムの不備や機能面で改善の余地があっても、多くの企業はそのインフラから別のインフラに簡単には乗り換えられませんでした。しかし、ここにきて状況は大きく変わってきました。というのはデジタルプラットフォームの構築が以前にも増して、容易になってきたのです。そしてその立役者ともいえる存在がＡＰＩです。

デジタルプラットフォームの常識を変えたＡＰＩ

実際、デジタルプラットフォームの強みをフルに生かすには、ＡＰＩが欠かせません。先に述べたように、ＡＰＩとは、内部システムと外部システムをつなぐ標準化されたインターフェースのことです。

ＡＰＩは、一種のゲートウェイと考えることができます。たとえば、日本から海外に出かける場合、空港や港湾を経て、渡航しなければなりません。東京国際空港や関西国際空港から海外へ飛ぶわけです。日本を内部システム、海外の国々を外部システムと考えると、空港がＡＰＩに相当します。

デジタルプラットフォームにいくつものＡＰＩがリンクしているということは、外部の優れたシステムをあたかも内部システムのように活用できるということです。システム開発が容易になり開発時間も短縮できるのです。

グルメ案内サイトで飲食店の場所を探すと地図アプリなどで場所が確認できるのもＡＰＩ利用の一例です。ネット通販で買い物をするときにクレジットカード情報を入力するのにもＡＰＩが働いています。もちろん、サプライチェーン領域のデジタルプラットフォームにおいてもＡＰＩは重要な役割を果たしています。

ただし、たとえ高度なデジタルプラットフォームがあっても、標準ＡＰＩを用意してそのプラットフォームをオープン化しない限り、ネットワークは広がりません。しかし、オープン化や標準化を推進することは大企業にとってはシェア拡大などを含めて競争優位を確立する有力な方策となりますが、中小企業などがブランド力の面で太刀打ちできないという事態となることも想定されます。

また、「プラットフォームは設置産業なのでいったんプラットフォームを構築してしまえば、その地位は安泰で、黙っていても売上高は伸びていくことになる」というわけでもありません。プラットフォームを構築するために必要なＩＴ技術は日々、進歩しています。システム更新やアップデートを少しでも怠れば、いずれレガシー化してしまうことも十分考えられるのです。プラットフォーム構築の目的、ビジョン、戦略を明確化したうえで、レガシー化のリスクも十分検討し、ＡＰＩを活用してビジネスチャンスを逃がさぬように迅速に実装していく必要があるのです。

図1-3　プラットフォーム構築の手順（一例）

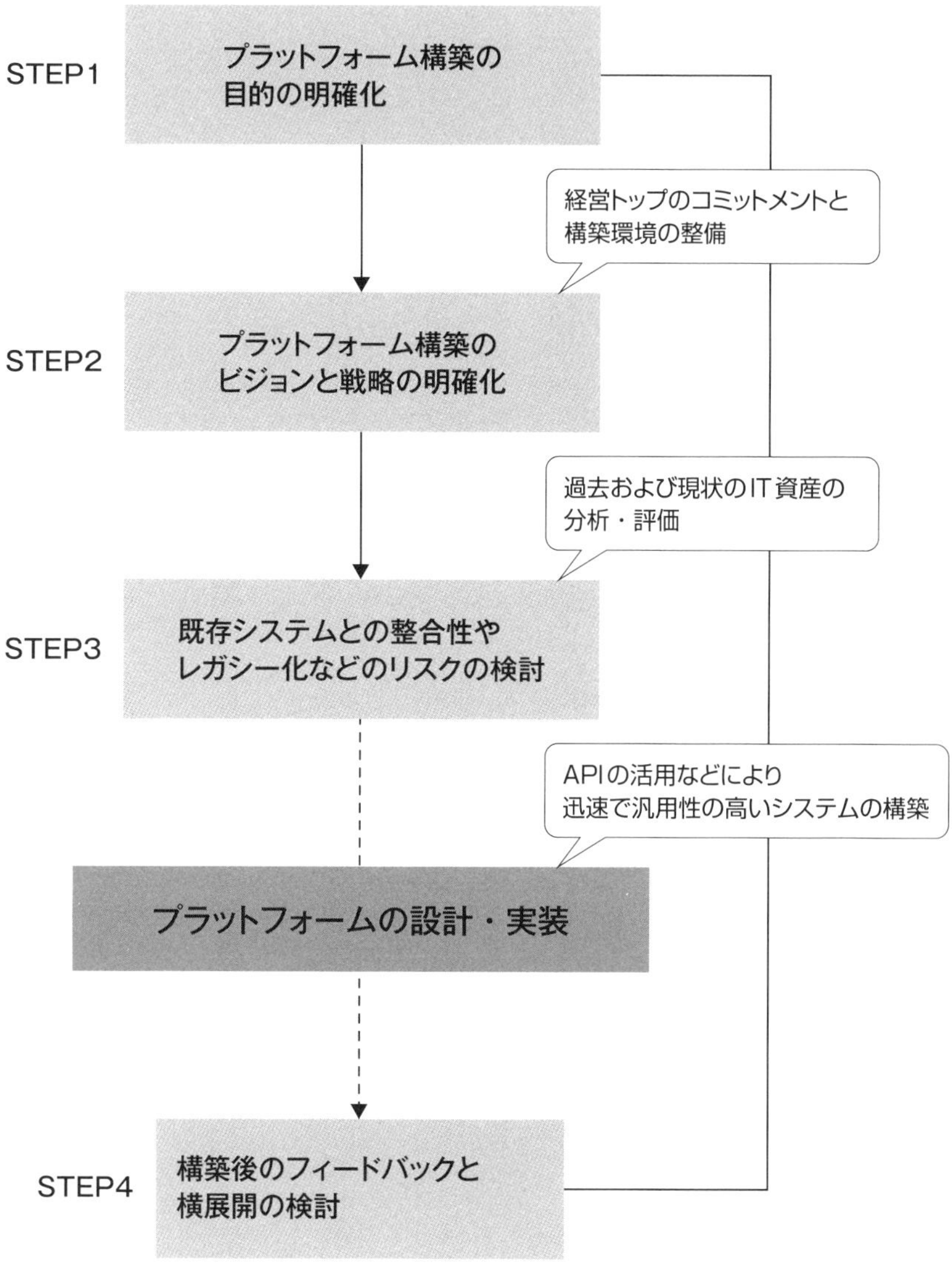
STEP1
プラットフォーム構築の
目的の明確化
経営トップのコミットメントと
構築環境の整備
STEP2
プラットフォーム構築の
ビジョンと戦略の明確化
過去および現状のIT資産の
分析・評価
STEP3
既存システムとの整合性や
レガシー化などのリスクの検討
APIの活用などにより
迅速で汎用性の高いシステムの構築
プラットフォームの設計・実装
STEP4
構築後のフィードバックと
横展開の検討

4 レガシーシステムから最新システムへ
——「最新のシステム」もいつまでも最新ではない

既存システムによる「崖」の発生

ＤＸプラットフォームの刷新が必要とされる理由のなかで、情報ネットワークシステムの視点から無視できないのが「崖」の問題です。

今後、レガシーシステムと呼ばれる既存の情報システムが機能不全に陥るリスクが指摘されています。

ＩＴの創成期に構築されたレガシーシステムでは、爆発的に増加するビッグデータを活用しきれません。しかし、レガシーシステムが全企業システムの60％以上を占めることになるとも指摘されています。それゆえＤＸの推進とともにシステム刷新を進める必要もあるのです。

日本企業のＩＴ関連投資のほとんどは現行業務の維持や運営にあてられているともいわれています。これまでは産業別に単純なアナログサプライチェーンが構築され、それが旧式の情報システムで支えられていたわけですが、旧式とはいえ、一度、システムが完成し、それなりに機能していると、真新しいシステムの導入はかえって難しくなります。

一昔前にはサプライチェーンの情報武装には多大なコストがかかりました。しかし近年はクラウドコンピューティングやエッジコンピューティングなどの発達と普及で、より高度なサプライチェーンの情報基盤構築が可能になりました。トップランナーよりもセカンドランナーが情報武装においては競争優位を発揮できる環境といえます。

歯止めの掛からないブラックボックス化の進行

現時点で最先端のシステムを導入しても、情報革新のスピードが日進月歩であるために、「後発のシステムが先発のシステムに優る」という事態が発生することになります。たとえば、2000年代初頭のIT草創期に巨額を投じて構築された最新のシステムでも、現在の最先端のシステムと比較すれば足元にも及ばないことは明らかです。

しかも既存システムとしてレガシーシステムが存在するがゆえに新しいシステムの導入は難しくなります。「すでにちゃんとしたシステムがあるのに新しいシステムを導入する意味がわからない」という声も聞こえてくるはずです。

レガシーシステムにはたんなるシステムの老朽化以上に実務面での問題もあります。開発当初のスタッフやプログラマーが退職などでいなくなってシステムの詳細がわからなくなり、ブラックボックス化しているケースが少なくありません。もはやシステムを自社レベルでは修正できない状況に陥っています。システムがたんに時代遅れになってしまっただけではなく、適切なアップデートが行えなくなっている状態ともいえます。

レガシー化の問題は古くて新しい問題でもあり、米国ではすでに1980年代に全米航空管制システムの老朽化で、再開発に莫大なコストがかかったことから、開発手順を細かく確認しながら進めるウォーターフォール型開発の見直しと新しい機能が追加しやすいアジャイル型開発の導入が進みました。しかし、我が国の場合、軽快感のあるアジャイル型よりも重厚なウォーターフォール型を好む傾向が強く、これが昨今のレガシー問題、「崖」問題の根底にあるともいえます。

また、ＩＴエンジニアの多くがベンダー企業に所属し、ユーザー企業向けにシステム開発を行うという受託開発方式が採用されるケースが多く、そのため、ユーザー企業内に情報システムのノウハウが蓄積されにくく、ブラックボックス化しやすい傾向にありました。米国などではユーザー企業内に社内エンジニア、プログラマーなどのＩＴ人材を抱えているケースが多く、細かいプログラムのメンテナンスを頻繁に社内人材のみで行うことが可能で、システムのブラックボックス化を未然に防止するしくみが出来上がっていました。結果として、レガシーシステムによる崖の問題が一挙に顕在化してきたのです。

図1-4　レガシーリスクに対する日米企業の比較

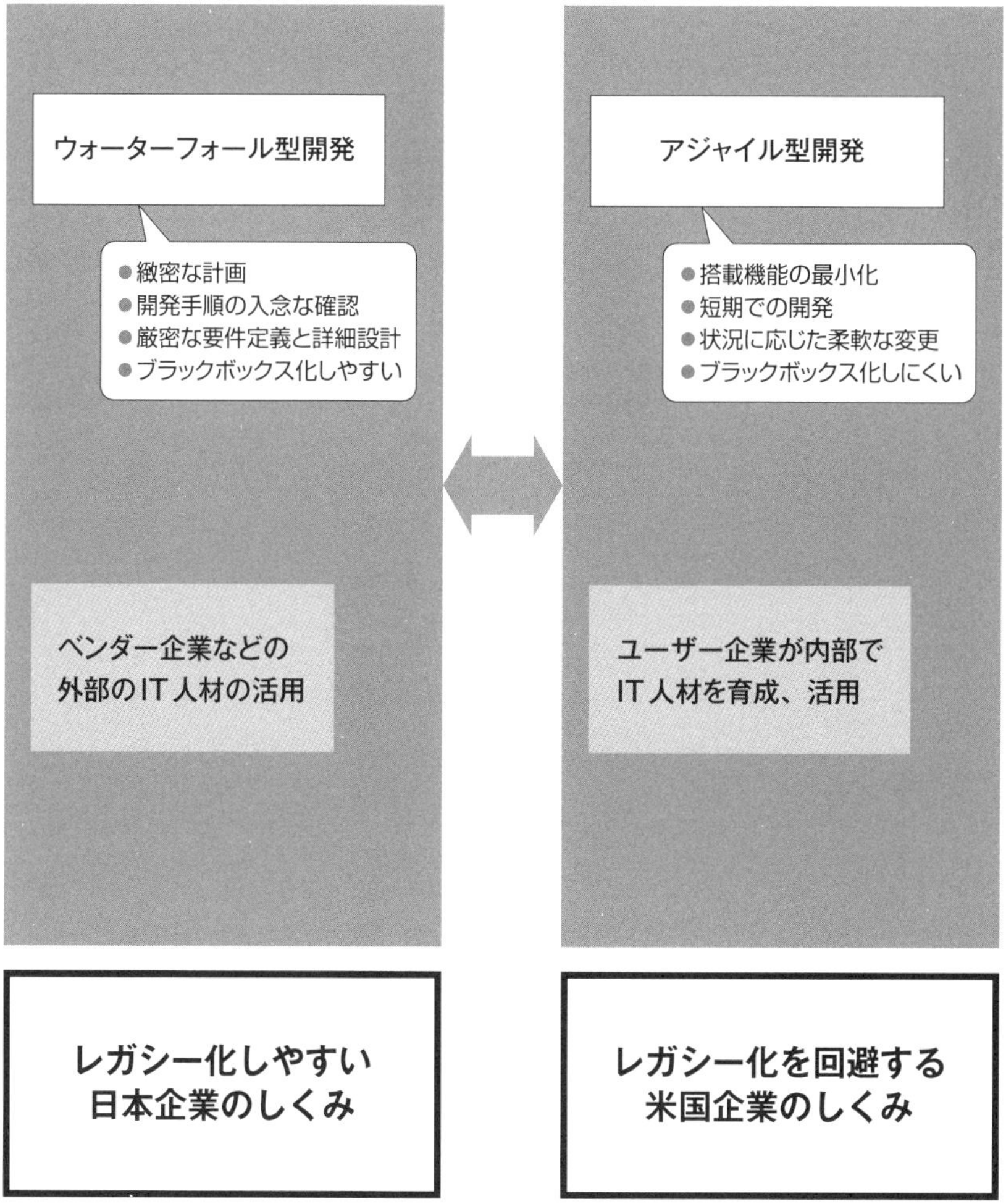

5 物流DXの推進が課題の宅配便企業
――サプライチェーンにおける労働力負荷の軽減を意識

物流業界は少子高齢化などの影響を大きく受けており、トラックドライバー不足、倉庫内作業者不足などが深刻化しています。こうした状況のなか、物流業界としては、魅力ある職場作りを行い、可能な限りの労働力の確保を目指すと同時に、物流DXを推進することで、機械化、自動化、さらには無人化を実現することで、対応する方針です。

物流業界のなかでも宅配便事業の場合、ネット通販の急速な伸びにあわせて需要が急増し、アマゾン、楽天市場、Yahoo! ショッピングなどの右肩上がりの荷物量を迅速かつ正確に捌く必要があります。

宅配便におけるラストワンマイルの完全自動化、DXについては、飛躍的に発展する可能性を秘めています。フルフィルメントセンターから宅配便営業所まで自動運転による配送が可能ならば、営業所内はかご車型のAGV（無人搬送車）にRFタグを搭載して管理すればよいからです。

配達ロボットについても実用化に向けて動き出しています。また、米国宅配便最大手のフェデックスでは自動運送ロボットRoxo（ロキソ）が開発されています。

ロジスティクスドローンによる配送も本格化しつつあります。ロジスティクスドローンに配送ルート最適化のアルゴリズムを組み込むことで、人間による操縦を必要としない自律的な飛行を実現し、遠隔地や離島への円滑な配送を可能にすることができます。

不在世帯向けの再配達の低減を目標に設置されている宅配ボックスもスマートフォンなどと連

動させることで遠隔操作を行い、荷物の受け取りのみならず、発送も可能となるスマート宅配ボックスの開発も進められています。

こうした宅配便ＤＸの本格導入には法整備が必要となる可能性もありますが、再配達率低下を目指す社会的な流れのなかで抵抗感なく進むと考えられます。宅配便のみならず、市場を拡大したフードデリバリーについてもＤＸが進んでいくことは間違いありません。消費者物流という観点から考えれば、引越しについてもアシストスーツやロボット化が進んでいく可能性が出てきています。

宅配便企業によるネット通販対応の物流ＤＸプラットフォームの構築

物流ＤＸの発達は、３ＰＬ（サードパーティロジスティクス）事業などで発達すると見られていました。大企業群を中心とした重厚長大型産業のレガシーシステムの刷新が喫緊の課題と考えられてきたからです。

物流デジタルプラットフォームの構築は予想外の方向に進むこととなりました。小売業のリアル店舗が休業、時短要請などを受け、その代替として、ネット通販に消費者の需要が流れ、その結果、ネット通販市場は数少ない成長産業となったのです。

需要の急激な伸びに注目し、ネット通販ＥＣ事業者数も増え、寡占状態だったラストワンマイルにも新規参入企業が相次いでいます。置き配が初期設定として普及しているのも大きなアクセルとなっています。都市部において、この傾向は顕著で、丸和運輸機関、ＳＢＳグループなどがマーケットシェアを伸ばしていきました。また、アマゾン、楽天、アスクルなどが宅配便企業のネットワークだけに頼らずに自社配送網を拡充する方針を打ち出しています。

　ネット通販各社は配送パートナーなどを自社物流網に組み込む戦略を展開しています。その一方で宅配便大手は中小規模のネット通販企業を自社ネットワークに組み込むかたちでのプラットフォームの構築を進めています。置き配型の小口配送システムや小口のクラウド型在庫管理システムなどもプラットフォーム化され、ネット通販ＤＸとしてデジタルシフトが消費者物流を舞台として展開されています。ＡＰＩの発達で、プラットフォームは設置産業型モデルから手軽なクラウドのモデルに完全にシフトし、ネット通販事業などのインフラとして活用されるようになってきているのです。

　ネット通販の場合、近年の急成長に大きな注目が集まっていますが、システム構築がここに来て急速に進展したがゆえに、レガシー化の影響を受けずに、アジャイル型が中心のシステム構築によるプラットフォームが整備されてきているからともいえます。

図 1-5　ネット通販ビジネスにおける物流デジタルプラットフォーム（一例）

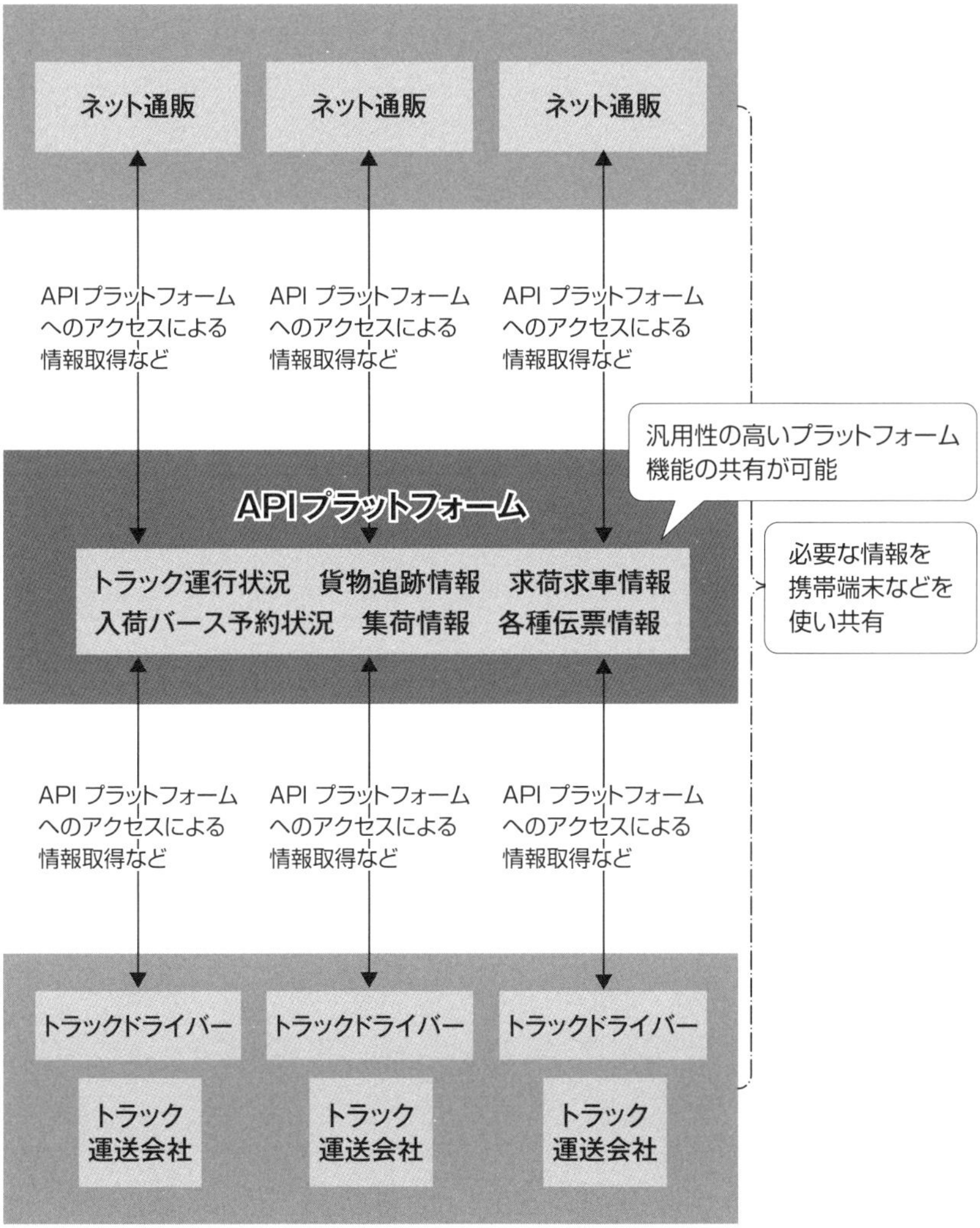

注：「矢印」は情報の流れ（情報流）を指す。
API プラットフォームに荷主企業がアクセスし情報・データを取得する。同様にトラック運送会社もAPI プラットフォームにアクセスし、荷主企業とは異なる角度から情報・データを取得する。両者がプラットフォームにアクセスすることで同一の情報やデータを共有することもある

6 クラウドネイティブの活用による物流ＤＸの活用
――ホワイト物流と親和性の高い物流ＤＸ

物流現場の労働力は慢性的な不足に陥っていますが、その労働力不足の解消をＡＩ、ＩｏＴデバイスの活用やＤＸの導入により図っていこうという流れが大きくなっています。

ＤＸの導入によるホワイト物流の推進

物流現場での作業効率の向上を図り、手荷役を可能な限り削減していく「ホワイト物流」を推進する流れが加速しています。ホワイト物流の推進には人手に代わる機械化が求められ、その機械についても自律的に作業を行う完全自動化、あるいは無人化機器などの導入が注目されています。言い換えれば、ホワイト物流とＤＸの親和性はきわめて高く、労働力不足が叫ばれるこれからの日本にとって、ＤＸの導入によるホワイト物流の推進はモノの流れを絶やさないための生命線ともいえるのです。

ただし、無計画にＤＸを導入することは避けなければなりません。標準化、平準化などの物流現場でのルール作りがしっかりとなされていない環境でＤＸを導入すれば現場の混乱を引き起こすことにもなりかねないからです。したがって、ＤＸの導入も慎重に進めていく必要があります。導入の初期コストや維持コストも気になるところでしょう。そこで「まずはスモールスタート」と考え、クラウド型の管理システムなどの導入を図るのが着実かつ即効性がある対応と考えられます。

図1-6　ホワイト物流におけるDXの導入

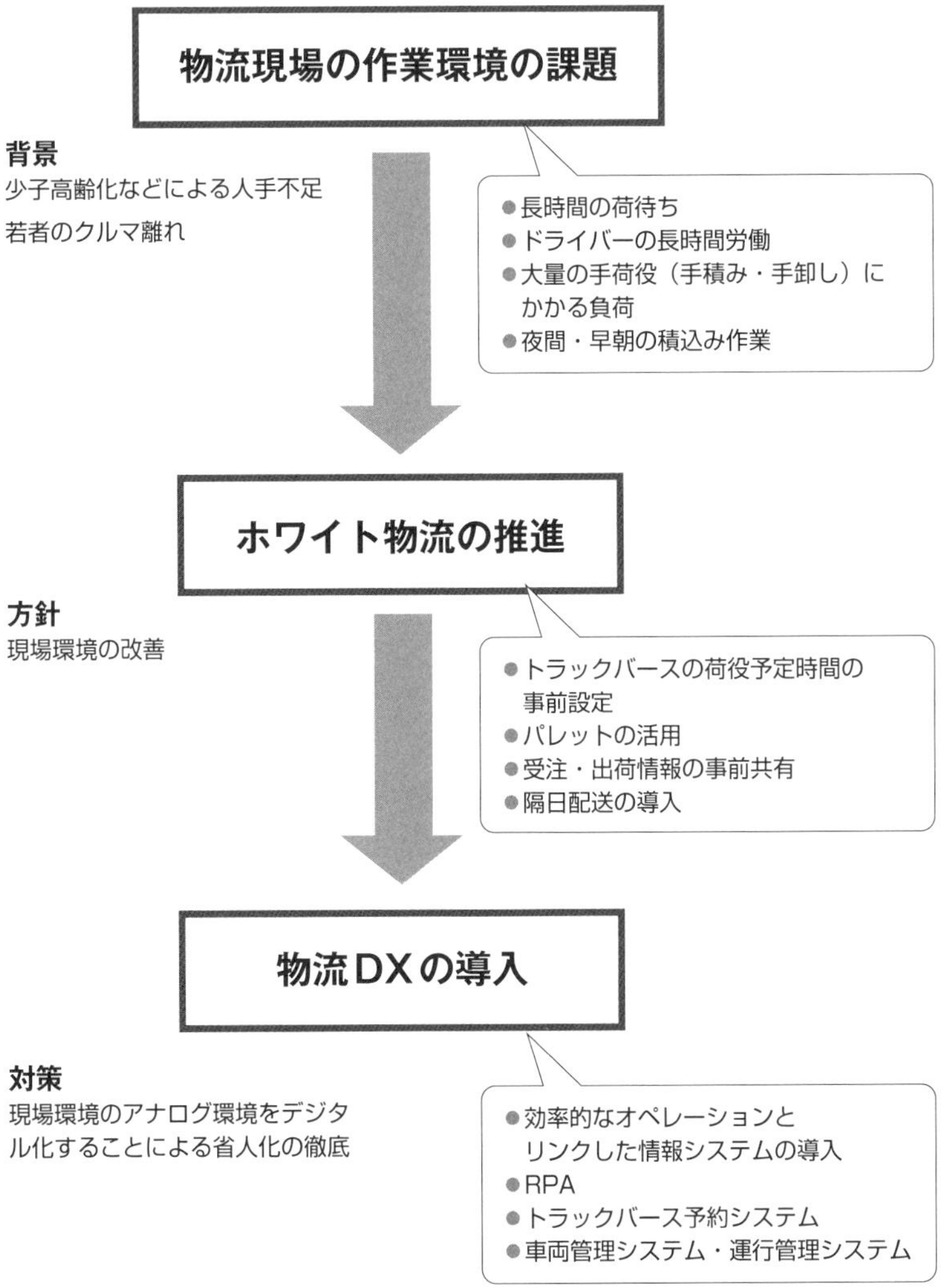
物流現場の作業環境の課題
背景
少子高齢化などによる人手不足
若者のクルマ離れ
●長時間の荷待ち
●ドライバーの長時間労働
●大量の手荷役（手積み・手卸し）にかかる負荷
●夜間・早朝の積込み作業
ホワイト物流の推進
方針
現場環境の改善
●トラックバースの荷役予定時間の事前設定
●パレットの活用
●受注・出荷情報の事前共有
●隔日配送の導入
物流DXの導入
対策
現場環境のアナログ環境をデジタル化することによる省人化の徹底
●効率的なオペレーションとリンクした情報システムの導入
●RPA
●トラックバース予約システム
●車両管理システム・運行管理システム

DX導入事例

企業のDXの推進にあたり中核となるのはクラウドネイティブ（クラウド型ベース）の情報システムでしょう。初期費用がかからず、維持コストについてもアップグレードなどは運営会社側が適時対応するのでサブスクリプションとして要求される月額を払うだけで導入が可能だからです。導入にあたって職場環境や実務プロセスをある程度、明確化しておく必要もありますが、比較的、短期間で導入できます。

(1)RPA

DXを導入するうえで近年注目されているのが、RPAです。物流では受発注業務などの事務処理関連の人手不足対策として使われる事例が増えています。RPAを活用してデジタルシフトを加速させることで、大量の単純作業の処理を継続的、かつ迅速に行うことが可能になります。人間の代わりに夜間、深夜などに大量の伝票処理やデータ取得などを行わせることもできます。また、クラウド型のRPAツールを活用すると初期投資を抑えられます。

・導入事例

物流企業のA社は、営業時間外の受発注処理のために夜間スタッフを配置して対応してきました。しかし、夜間スタッフの負担は重く、改善の必要性を感じていました。そこでRPAを導入し、夜間作業の自動化を進めることにしました。その結果、夜間スタッフを人手の足りない日中のオペレーションに回すことができるようになり、労働負担の軽減、労働力の有効活用、さらには作業効率化を実現することができました。

(2) CRM

CRM（顧客関係管理）についても、比較的安価にクラウド型のシステムを導入することができます。顧客管理のみならず、従業員管理にも活用することができます。とくにトラックドライバーの複雑な労働管理、健康管理などを効率化し、物流企業がホワイト物流を推進していくうえで有効なDXツールとして期待されています。

・導入事例

輸送業務中心のB社はドライバーなどの労働管理や健康管理を紙ベースで行っていました。しかし、紙ベースでは管理が煩雑になりやすく、せっかくファイリングしても、「どこに誰のファイルがあるのか」ということがわかりにくくなることも少なくありませんでした。そこでセールスフォースを導入し、デジタルタコメーターと連動させて、労働時間や走行距離を管理できるようにしました。クラウド型のCRMシステムを導入することでDXをスムーズに推進することができました。

(3) 運行管理システム

トラック車両について、適切な配車計画を紙媒体で管理するのは煩雑な手間と時間を要します。

クラウド型の車両管理システムを導入することで業務効率化と事務処理の簡易化を実現できます。ホワイト物流の推進にあたっては、ドライバーのみならず車両に関する管理についてもデジタルシフトを進めておく必要があります。将来的には荷待ち時間解消を目的に導入が進むバース予約システムと連動していきます。

・導入事例

クラウド型の運行管理システムの導入により、各車両の予約状況を適切に管理できるようになり、配車計画も合理的な判断のもとに策定できるようになりました。また、「どの車両がどのルートを通っていて、どこにあるのか」といったリアルタイムの位置情報も適切に把握できるようになりました。クラウド型のシステムの導入であるため、初期費用も抑えることができました。

少子高齢化を背景とした労働力不足を解決するためには、作業負荷の小さい現場環境の構築を目指すホワイト物流を推進する必要があります。したがって、ホワイト物流の推進は省人化を実現できるＤＸとの親和性がきわめて高いとも考えられます。ただし、企業にとってはＤＸの導入にあたっての初期コストが大きな負担となることが懸念されるので、クラウド型システムを上手に活用していく工夫が必要になってきます。

表1-1　クラウド型DXの概要（例）

	概要
RPA	物流では受発注業務などの事務処理関連での導入事例が多数報告されている。大量の単純作業の処理を継続的、かつ迅速に行うことが可能
CRM	顧客管理のみならず、従業員管理などにも活用できることから多くの企業が導入を検討。煩雑になりやすい紙媒体の管理からデジタル媒体の管理への移行を推進する
運行管理システム	トラック車両について、デジタル媒体による適切な配車計画を推進する。各車両の予約状況を適切に管理し、合理的な判断のもとに配車計画の策定が可能になる

第2章

物流DXプラットフォームの構築

1 デジタル共創が切り開くデジタルプラットフォーム時代
――オンライン環境を活用して、情報共有を促進

プラットフォームとしての都市機能

プラットフォームを考えるうえでの入口として都市機能を考えてみましょう。

プラットフォームとその上で提供されるサービスやアプリケーションは、都市における人々の行動と似ています。都市においては、人々が何かしらの行動を起こすことにより、情報、資金、モノが都市空間内を流動し、結果として都市に富が蓄積されます。このしくみがプラットフォームと相似しています。

現代社会では、東京のような大都市に人々が集中し、その結果、あらゆる情報や出会いの機会が集まり大都市はますます反映していきます。それとは対照的に、地方都市から人口が流失し、過疎化が加速する例は枚挙にいとまがありません。日本に限らず、この傾向は世界的で、たとえば米国では、アマゾン、マイクロソフト、ボーイングといった先端企業が集中するシアトル市のダウンタウンの変貌ぶりは、近年の東京の街並みの変貌と同じように、まるで以前とは別の都市といった様相となっています。

多くの情報、人材、資本、出会いが集中的に集まる東京、上海、パリ、ロンドン、ニューヨーク、シアトルといったメガ都市が輝きを増し続けるのに比べ、世界的に見て地方都市の人口流出や地盤沈下はとどまることを知りません。「シャッター通り」を訪問したときに感じる寂しさは、日々ダイナミックに変換しつつある大都市の街並みに感じるエネルギーと、両極にあるようです。

しかし近年、テレワークなどの在宅勤務、オンライン会議などの普及により、地方都市のデジタル化が進み、第3章で紹介することになりますが地方都市機能のデジタルプラットフォーム化も進みつつあります。

プラットフォームにつながる「共創」のデジタル化

多くの企業が「価値共創」というコンセプトを打ち出しています。企業が利害関係者と共同で、新しい価値を生み出すという考え方です。

その背景に、イノベーションの進化のスピードが速く、外部環境が猛烈に変化する時代があります。一人のプレーヤーや1企業が集める情報量には限りがあり、その結果、市場のニーズを読み切れない独りよがりの製品、商品が生み出されるリスクがあるからです。

実際、企業は「共創」を有効な生き残り戦略ととらえています。DX革命以前のビジネスにおける競争は同業他社とのシェア争いで、同じ土俵内で行われていました。少子高齢化や環境問題の深刻化を抱え、近年のビジネス環境は複雑の一途をたどっています。

たとえば、電気自動車（EV）が本格化した自動車産業では、自動車メーカーの競合企業はこれまでの同業他社だけではなく、半導体メーカー、IT企業などにも広がっています。このように変化の激しい経営環境下では、自社単独で世界的レベルでの競争に伍していくのは至難の業で、「いかに異業種のパートナーを素早く見つけ共創ビジネスを生み出していくか」がビジネスの成果に大きな影響を及ぼすのです。

一例としてあるコーヒー製造業は、コーヒーメーカーをオフィスに普及させるしくみとして、消費者と共創して「アンバサダー」というファン制度を提供し、SNSを絡めたマーケティング活動を強化しています。メーカー側の視点だけではなく、一般消費者の考え方を取り入れた柔らかい発想が重要になってくるともいえるでしょう。

言い換えれば、競争優位を獲得するよりも集合知に基づく「共創」のほうが成果が大きくなると考えられるのです。また、一般消費者やステークホルダーの考え方を取り入れる際には、SNSなどを活用したデジタル化、すなわちデジタル共創がトレンドとなってきています。

集合知の強みを認識

最も身近で使い慣れているプラットフォームの典型例は、インターネットです。インターネットにはすでに数十年の歴史がありますが、スタート当初は学術研究家同志の意見交換のツールに過ぎない閉じたシステムでした。インターネット上で人気の高いコンテンツの多くは、超一流の専門家が開発したものではなく集合知的に発生したことは興味深い現象です。これこそ大衆による「共創」の一例といえます。

オープンソースのソフトウェア開発も共創の一つです。世界中の知識を集合することによりオープンソースのソフトウェアは日夜進化しています。もちろん、そこには時差も人種も言語の壁もありません。

集合知による発明は近年の大きなトレンドです。大企業や大学の研究所、専門の研究機関による革新的な発見、発明の報告が少ないのも、無関係ではないと思われます。通信分野でいえば、米国のベル研究所が圧倒的な存在でしたが、その流れを汲んだ米国西海岸がシリコンバレーとし

図2-1　デジタルプラットフォームの構築につながる共創、集合知の概念

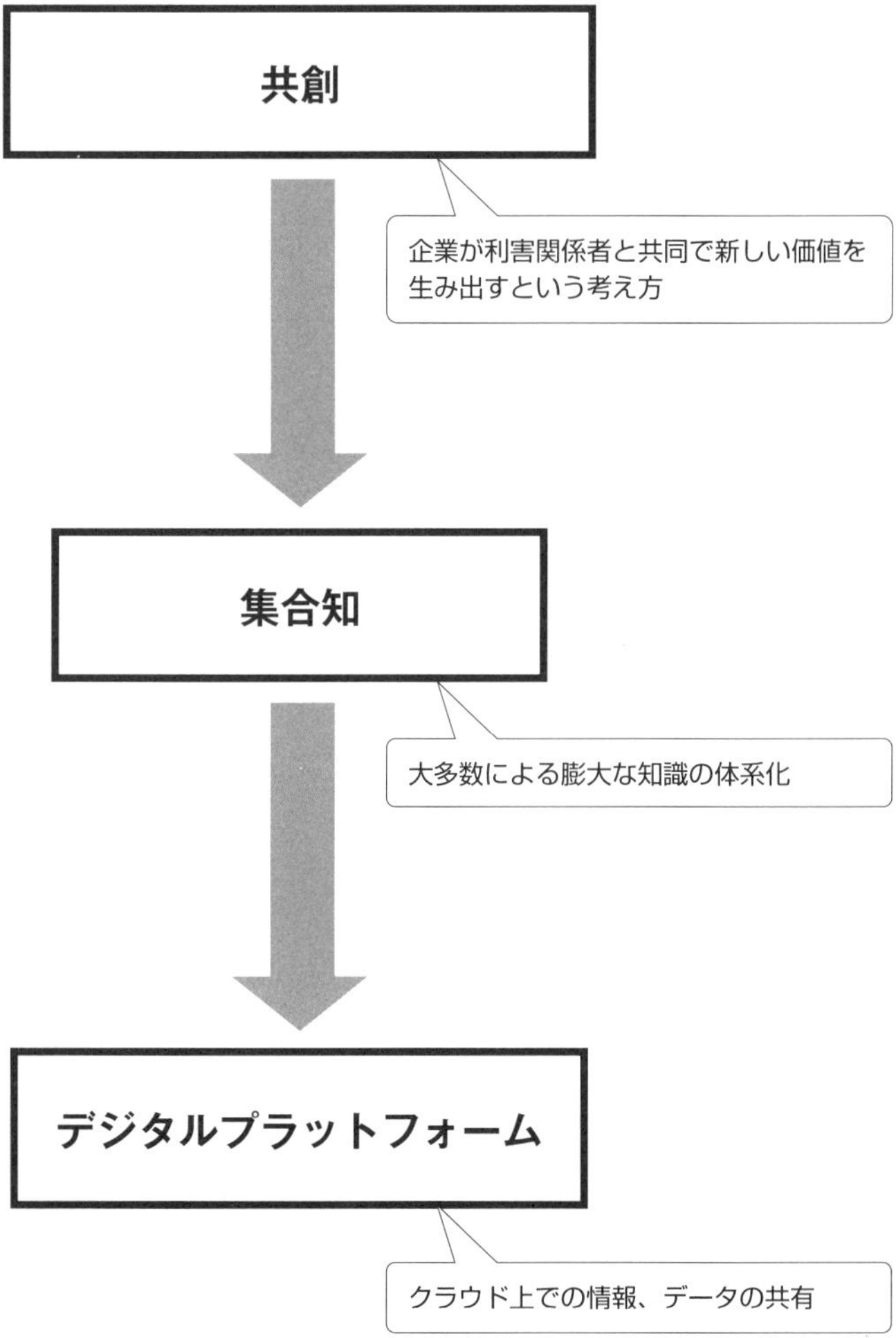

て、世界のコンピュータ、半導体産業をけん引しています。これも集合知の一種といえるでしょう。

共創、集合知、そしてデジタルプラットフォームの構築へ

共創、集合知の考え方がＤＸしてクラウド上に反映されたものがデジタルプラットフォームであるともいえます。

第１章でも紹介したように、デジタルプラットフォームにはビジネスに必要な情報、データが蓄積されます。それらは人間の脳が処理できる共創や集合知のレベルをはるかに超えるビッグデータになります。膨大なデータをスムーズに処理するのはこれまでの常識では容易なことではありませんでしたが、５Ｇの時代では実現可能です。

デジタルプラットフォームの果たす役割もかかる期待もこれまでの常識を大きく覆すものになっていくはずです。デジタルプラットフォームの設計と構築、そして運営と活用こそが企業のＤＸのカギとなるともいえます。

2 事例で見るデジタル共創の推進
——DXで進む情報共有

ビジネスモデルの変革に不可欠

DX推進の流れのなかでデジタル共創を導入する企業が増えています。DXを活用できる領域は物流に限定されることはなく、研究開発、調達、生産、品質管理、マーケティングなど多岐に渡ります。それらの領域をDXで串刺しすることで情報共有を推進し、共創を展開することができます。

たとえば旭化成グループでは、デジタル共創本部を設置し、マテリアル、住宅、ヘルスケアの3領域のバリューチェーン上でのデジタル活用を進めています。DXを強化、促進する取り組みに関しては、人財フレームワーク、DXプラットフォーム、DX推進拠点について対応をまとめています。人財フレームワークではDX人財の育成と教育などを重視、DXプラットフォームについては基幹システムとの連携やデジタルツインの実現を視野に入れ、DX推進拠点としてDX体験と共創空間をあげています。また共創戦略推進部ではアジャイル開発やデザイン思考が重視され、ビジネスモデルの変革を進めています。

なお、デジタルツインとは、現実空間である物流現場などのイメージやデータをバーチャル空間で再現する技術のことです。

ソニーもオープンイノベーションの枠組みのなかでデジタル共創を進めています。取り組みの一つとして、京セラ、ライオン、ソニーの3社によるコクリエーションを行い、「子どもが歯みがきを楽しめる歯ブラシ」を開発しています。

プラットフォームの開発はウォーターフォール型からアジャイル型へ

多くの企業がデジタル共創を打ち出し、企業が利害関係者と共同で新しい価値を生み出すという考え方が主流になるなかで、プラットフォームの開発方法も大きく変わりつつあります。

これまでの大型開発プロジェクトなどにおいて、開発主体が企画や要件定義をじっくりと検討し、開発手順を細かく確認しながら進める方法（ウォーターフォール型）は、基本的には前工程に戻らないことが原則で、開発に大きな時間が必要でした。また、開発が完了するまでそのシステムを利用することができないため、途中の仕様変更などに対して臨機応変な対応が難しいという欠点もあります。開発現場においても、大企業を中心に自社の技術にこだわる自前主義が主流の考え方です。

他方、インターネットに代表される共創、集合知が価値を生む時代になり、「走りながら、みんなで考えること」により開発時間を短縮し、途中の仕様変更などに対し柔軟に対応できるアジャイル型の開発が主流になってきました。

アジャイル型では、あくまでプロジェクトは変化するもの、という前提で進めるのでそれぞれの開発者のアイデアや発想を盛り込みやすいという特徴があります。デジタル共創、集合知の良さが十分に発揮できるため、DX推進の視点からも相性がよいのです。DXの推進には、ユーザーや市場の変化、最新のイノベーションをタイミングよく取り入れることが重要なため、開発においてもスピード感と柔軟性が必要とされるからです。プラットフォーム開発において、「ユーザーにとって使いやすいAPIを用意できるか否か」がその成否を分けますが、プラットフォームユーザーの意向を十分に共有し、開発に反映する必要があるのです。

アジャイル型の具体的な手法としては、チームワークを重視するスクラム、事前の計画よりも途中変更への柔軟な対処を重視するエクストリーム・プログラミング、ユーザー視点での価値を最大化する機能の開発を重視するユーザー機能駆動開発があります。目的や納期に応じた最適な開発手法を選択する必要があります。

いずれのアプローチでも、アジャイル型では通常1～4週間程度の期間でテストまで実施することが可能です。また、サーバーやネットワーク機器の調達に時間のかかるオンプレ環境（脱クラウド）ではなくクラウド環境で開発を行います。

無論、すべてのプラットフォーム開発でアジャイル式をしなければならないというわけではなく、プロジェクトの特性をふまえて、最適なやり方と環境を選択する必要があります。

デジタル共創を生かすオープンイノベーションの展開

オープンイノベーションとは、製品やテクノロジーの開発、革新などで自社以外の組織などのノウハウや知見を取り入れて行うイノベーションのことです。デジタル共創やプラットフォームの考え方と親和性が高く、ここにきて評価されています。

物流業界においても、荷主企業と物流事業者のデジタル共創活動を成功させるためにデジタルプラットフォーム上でオープンイノベーションを推進していくことは当たり前という時代がすぐ近くまで来ています。

たとえば、ロジスティードは物流業を超えた業際的な共創活動を展開し、同社本社にカフェを開設するなど、新しい方向性を模索しています。

また、日本郵便はオープンイノベーションプログラムにより、社外の技術やアイデアなどを組み合わせることで新しい角度からのビジネスを探求しています。

オープンイノベーションを推進することでこれまで埋もれていたテクノロジーに有効な活用法が見つかったり、従来は考えられなかったパートナー企業と協業できるようになったりすることが可能になります。それがクラウド上のデジタルプラットフォーム上で展開されることになれば、情報共有やアップデートが瞬時に実現できます。そして、オープンイノベーションの流れは物流領域でも確実に大きくなりつつあるのです。

図2-2　アジャイル型とウォーターフォール型の比較

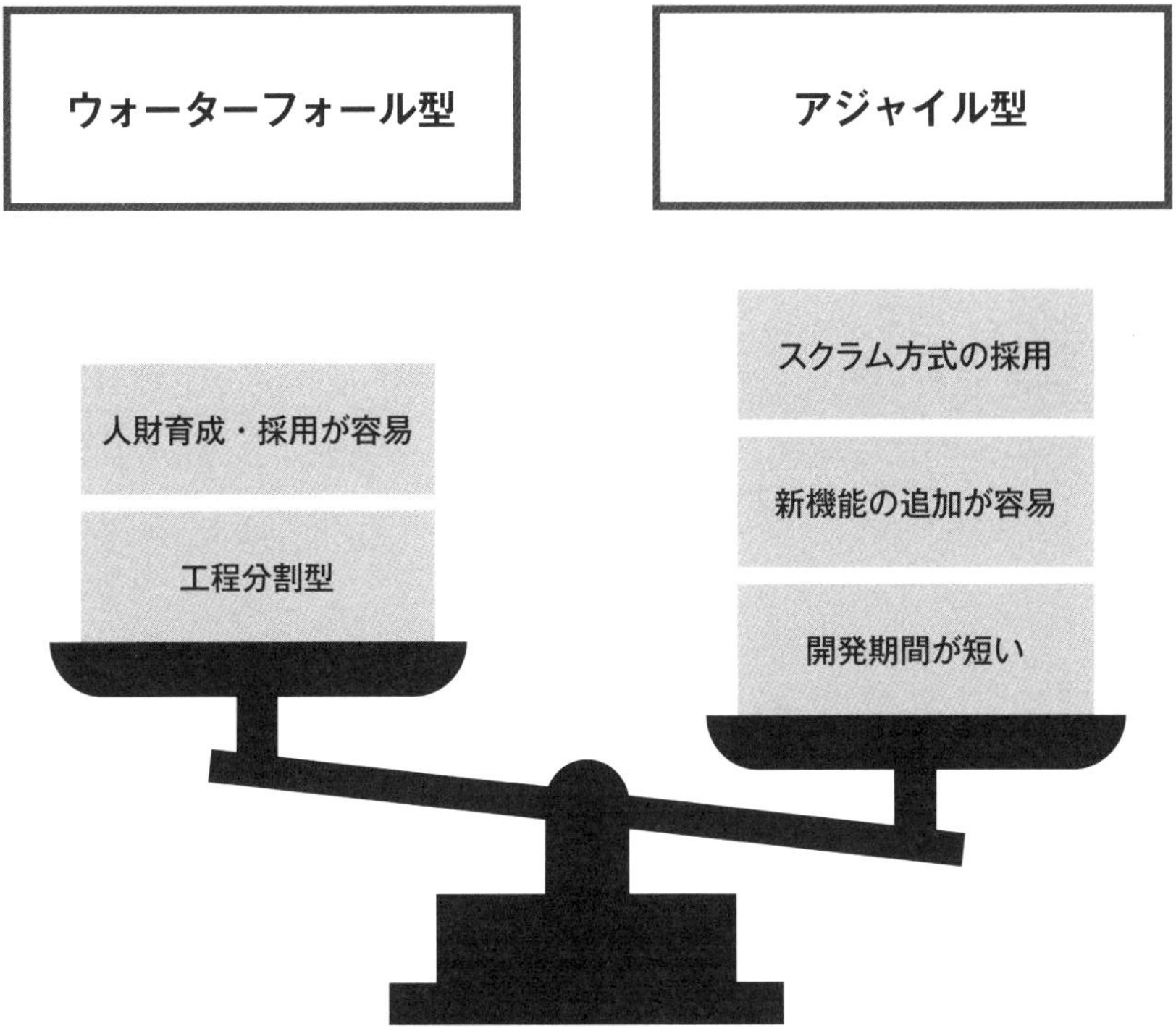

3 DXネットワークにおけるデジタルプラットフォームの構築——サプライチェーンの高度化の必須条件

物流DXを実現するには、AI、IoT、高速通信ネットワーク、クラウドといったデジタルテクノロジーの利用が不可欠ですが、そのためには物流サービスの特徴をよく考慮する必要があります。

物流DXを検討するうえで留意する点がいくつかあります。主な対象物が動き回るモノであるため非常に多くの端末やセンサーが必要になること、屋外はもちろん倉庫や物流センターといった屋内でも有効なしくみであること、電源に対する要求条件が厳しいこと、高コストなシステムやサービスは受け入れられないこと、医薬品や生鮮食料品などリアルタイムの状態把握が必要なものが多いこと、宅配サービスのように対象物の数が膨大なこと、災害時などにもきちんと機能することなどです。

物流DXの構築に求められる条件

次に、物流DXの実現構築に必要な条件を考えてみましょう。

・エリアフリー性

物流事業では、対象物は原則1か所にとどまることはなく、生産からエンドユーザーの手元に届くまで国内あるいは国際間で移動します。また、対象物は倉庫や工場といった屋内環境とトラック移動時などの屋外環境をいったりきたりすることも多いので、屋内のみならず、屋外でも有効な手段である必要があります。将来的には、宇宙空間へと利用シーンが拡大する可能性もあります。そのために、広いエリアをカバーする広域性が要求されます。屋外、屋内のシームレス利用を可能にするエリアフリー性といってもよいでしょう。

・経済性

物流ＤＸは、センサー、通信ネットワーク、データベースやクラウド、保守運用システムなど多くの要素から構成されますので、それぞれについて性能との兼ね合いで、できるだけ経済化、低価格化を目指す必要があります。

・低消費電力性

現場における充電設備などが不十分な環境では作業効率が低下するリスクが高くなります。とくに移動中や倉庫で保管中のモノを電源に常時接続することは不可能です。したがって、物流ＤＸの端末の設計においてはできる限りの低消費電力化が要求されます。

・リアルタイム性

医薬品や生鮮食料品など鮮度や保管に繊細な対象物の状態を正確に把握するには、リアルタイム性が重要になります。いくらセンサーで対象物の状態を検出することができても、把握するのに時間がかかってしまっては手遅れです。とくに対象物がトラックや航空機で移動中の場合、検出に時間がかかっては所在地を正しく把握することができないので適切な対応ができません。

・多数接続性

実際の物流現場では、非常に数多くのモノが存在しています。たとえばパレット倉庫には5万～10万枚程度のパレットが存在することは少なくなく、食品工場では毎日膨大な数の製品が製造、搬出されます。そのためには多数の対象物を同時に接続可能な多数接続性が要求されます。

・信頼性

物流現場では多くのモノを扱うため、紛失や破損などが定常的に発生します。紛失や破損は放置するわけにはいかないので、きちんと数量管理するためには信頼性の高いしくみが必要です。収集したデータは通常半年程度はデータベース上に保管する必要があるので、場合によってはデータベースを二重化し、信頼性を向上させる必要があります。

・ビッグデータの処理

物流ＤＸでは、対象物の数が人間の数とは比較にならないほど膨大なため、これらの対象物からリアルタイムに上がってくる情報量も膨大になります。これらのビッグデータを保管するには大規模なデータベースが必要になりますし、ネットワークも広帯域化する必要があります。

・多種多様性
物流現場で扱う貨物は、多様です。大口貨物、小口貨物、冷凍貨物、振動に弱い精密機器などさまざまです。すなわち、多種多様な貨物への対応が必要になってきます。

物流ＤＸを支える通信ネットワーク

物流ＤＸを支える広域無線通信ネットワークには、衛星通信もありますが、我が国では携帯電話が現実的です。携帯電話サービスは、携帯通信キャリアがこれまで膨大な設備投資と長い年月をかけてネットワークを整備してきました。そのため人口カバー率で95％以上が達成されていますし、災害時のＢＣＰ（事業継続計画）対策として通信設備の二重化も進んでいます。

携帯電話で利用される電波は、総務省が各通信キャリアに個別に割り当てたライセンスバンドの周波数帯を使うため、混信の可能性がありません。海外に行かれた方は実感すると思いますが、日本の携帯電話サービスの通信品質の高さは世界的に見てもトップクラスです。

どんなに優れた技術であってもコストが高ければ事業収支がなりたちませんし、人間が使うスマートフォンと違って数多くのモノを充電する手間暇をかけることはできません。

最近勃興している多くの近距離無線通信技術は、その多くがアンライセンス帯（自営）の電波を利用しているので、電波利用税も無料で通信料金もかかりません。近距離無線通信には異なった特徴をもった技術があるので、利用状況やニーズに応じて最適な技術を選択することになります。

すなわち、物流ＤＸネットワークを構築するには、広域通信と近距離通信を結合することによ

図2-3　広域通信と近距離通信の結合

・広域無線通信（携帯網）へのニーズ
→エリアカバー率、豊富なデバイスラインナップ
　クラウド利用による大量のデータ処理能力
→ライセンス帯利用による高い通信品質
　（4Gから5G、そして6Gへ）

・近距離無線通信へのニーズ
→多数接続、低消費電力、低料金、低価格
→アンライセンス帯利用による運用コスト低減（電波利用税不要）
→Wi-Fi、BLE、RFタグ、UWBなど多数の選択肢があり用途
　に応じて選択可能

り、それぞれのメリットを生かすことができます。

一例としてスマートパレット®を取り上げます。スマートパレット®では、パレットやカゴ車などの物流機材をRFタグとセンサーで管理します。物流機材の状態管理には、機器の有無や位置だけでなく、温度や衝撃といった情報も重要です。なぜなら、情報を一元的かつリアルタイムで管理することにより、数多くの物流機材の動きが可視化できるからです。

個々の端末から集めたデータは一度リーダーで集約され、携帯回線を経由して、物流DXプラットフォームを経て、クラウド上のデータベースに保管されます。クラウドにはAPIを用意すれば、集めたビッグデータを外部から利用できるしくみが構築できます。

図2-4　物流DXネットワークの構成例（スマートパレット）

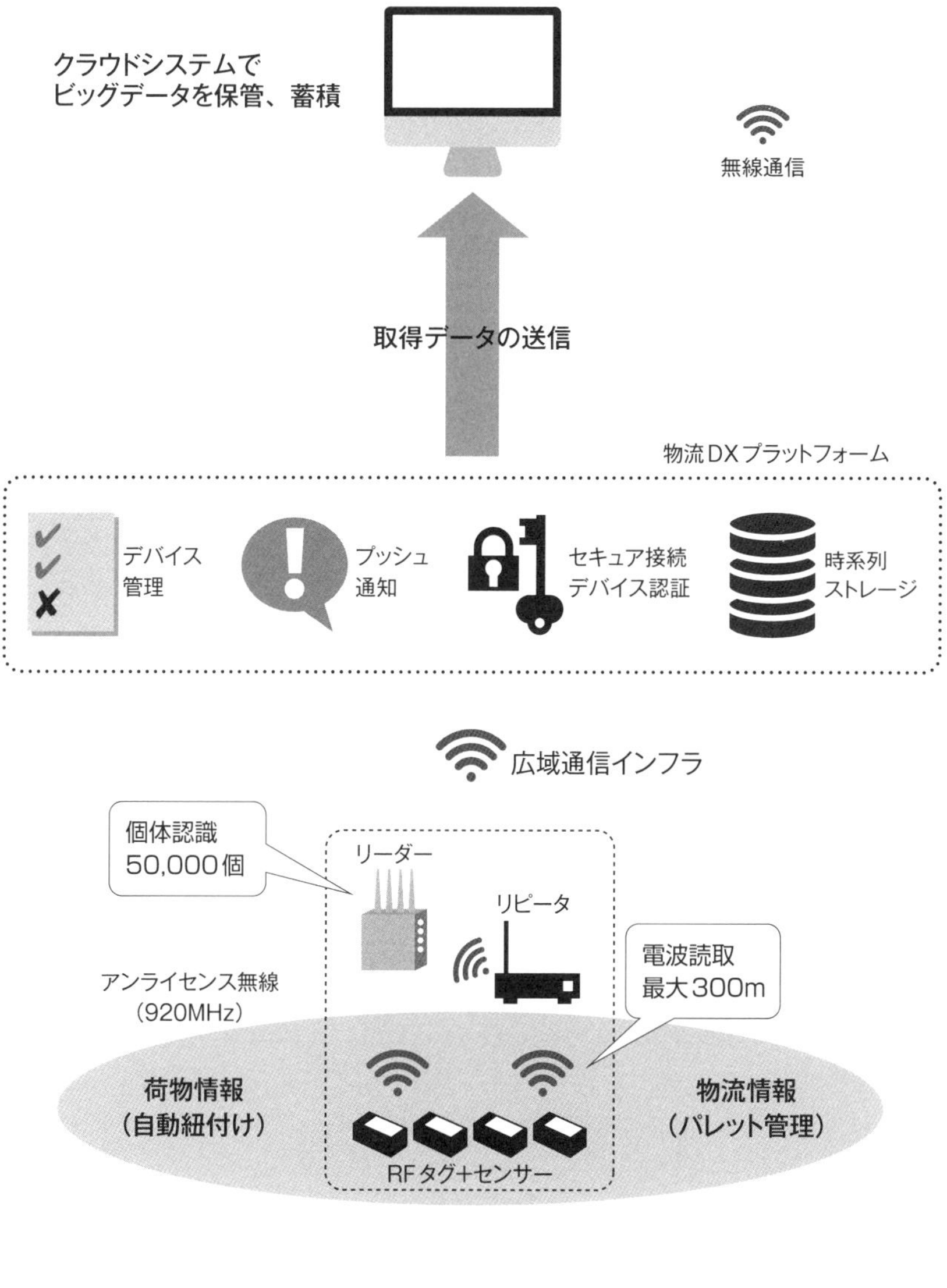

このような物流ＤＸプラットフォームの構築の取り組みが進んでいます。中小企業にとっても、このようなＤＸプラットフォームを上手く利用することにより、業務の効率化やスマート化を進めることができるのです。

4 デジタルプラットフォームのビジネスモデル
——カギを握るデジタル共創の推進

圧倒的な資金力とＩＴ技術力を背景にグローバル展開を進めるアマゾン、グーグルなどの米国のビッグテックや、データ利用に関する規制が比較的緩く、政府の後押しを受けて巨大な国内市場を抱える中国企業に注目が集まります。競合する企業はデジタルプラットフォーム戦略を展開し、ＡＰＩを活用した業際的なオープンイノベーションを積極的に推進する必要があります。５Ｇやシェアリングといった最先端技術を導入して事業のサービス化（ＸａａＳ）を進める必要もあります。

成功するか否かは、共創における企画、構想、折衝、交渉などの一連のアクティビティをデジタル化されたデータでデジタルプラットフォーム上で対応するデジタル共創を推進できるかどうかにかかっています。

プラットフォームを活用したマッチングサービス

代表的なプラットフォームサービスにユーザーＡとユーザーＢをＡＩとクラウド技術を利用して結びつけるマッチングサービスがあります。キャンピングカーを例に考えてみましょう。

キャンピングカーの平均的稼働率は、年間約30日といわれています。稼働率（稼働日数÷稼働可能日数×１００）にすると年間８・２％ほどです。残りの約92％の時間は、資本財であるキャンピングカーは休眠状態です。

そこで有望視されるのがキャンピングカーのライドシェア（相乗り）です。稼働率を50％まで向上できれば資本回収率を6倍ほどに増やせます。ライドシェアサービスは、ドライバーと顧客をマッチングすることにより多くの国でビジネスとして成功しています。

プラットフォームビジネスで重要な成功要素はリアルタイム性、ネットワーク効果、情報の非対称性の解消といわれています。

リアルタイム性は、これらのマッチングサービスには必要なタイミングで空いているタクシーや客室を手配するために必要です。配車や空部屋の確保に何日も時間がかかれば、誰も使わないでしょう。サービス提供者にとって、リアルタイムにサービスの状況が把握できれば、料金も、需給の関係に応じて柔軟に設定できる利点もあります。

ネットワークの価値は、参加者数の2乗に比例するといわれ、ネットワークが拡大すればするほど、その価値も効果も増幅されます。

情報の非対称性とは、市場において売り手と買い手の保有する情報に格差があるときの行動の差について表した考え方です。ある商品に対して、売り手と買い手の持っている情報に格差がある場合、その取引市場は信用を失ってしまい、最終的には誰もその市場を使わなくなるというものです。成功しているプラットフォームでは、いわゆる商品やサービスそのものの情報に加えて、信用情報を付加することにより、情報の非対称性に起因するユーザーの不安感を解消しているのです。

安心してプラットフォームサービスを利用するには、これらの成功要素を満たす必要がありますが、そのためにはＡＩを駆使した高速信号処理や大規模データベース、ワイヤレスアクセス、即時決済機能といったＤＸ技術が不可欠です。プラットフォームサービスの成功と、最先端のテクノロジーを駆使したＤＸは、表裏一体にあるといえましょう。

作業のシームレス化やスマートウェアハウスの展開

楽天と日本郵便は、物流ＤＸ領域における戦略的提携を進めています。物流会社「ＪＰ楽天ロジスティクス」を設立しました。楽天が通信キャリアと大手ネット通販事業者として蓄積したビッグデータと、日本郵便が有する全国の物流ネットワークから得られる荷物に関する物流ビッグデータを互いに共有し活用することによる、新しい物流デジタルプラットフォームの構築を進めています。

ＮＸグループは「デジタルプラットフォーム推進室」を設置し、ＤＸ戦略を加速させるとともに、先端物流施設で、入庫から出庫までの一連の作業をロジスティクスロボットやＡＧＶ（無人搬送車）を導入し、作業のシームレス化を進めています。

ロジスティードは、複数の顧客企業が自動化設備、システム、スペース、マンパワーをシェアリングできるプラットフォームサービス「スマートウェアハウス」を提供しています。ネット通販物流対応の自動倉庫をシェアリングするサービスで、商品の発送業務、在庫保管、梱包業務、データ連携といった機能を、パッケージで提供するものです。

レンタルパレット大手のユーピーアールは、スマートフォンを利用したパレット検出アプリ「パレットファインダー」を開発、提供しています。ＡＩ画像処理を用いたスマートフォンのアプリを利用して、トラックや倉庫に存在するパレットの個数や種別をリモートで判別できるサービス

図2-5　プラットフォームのビジネスモデル（イメージ）

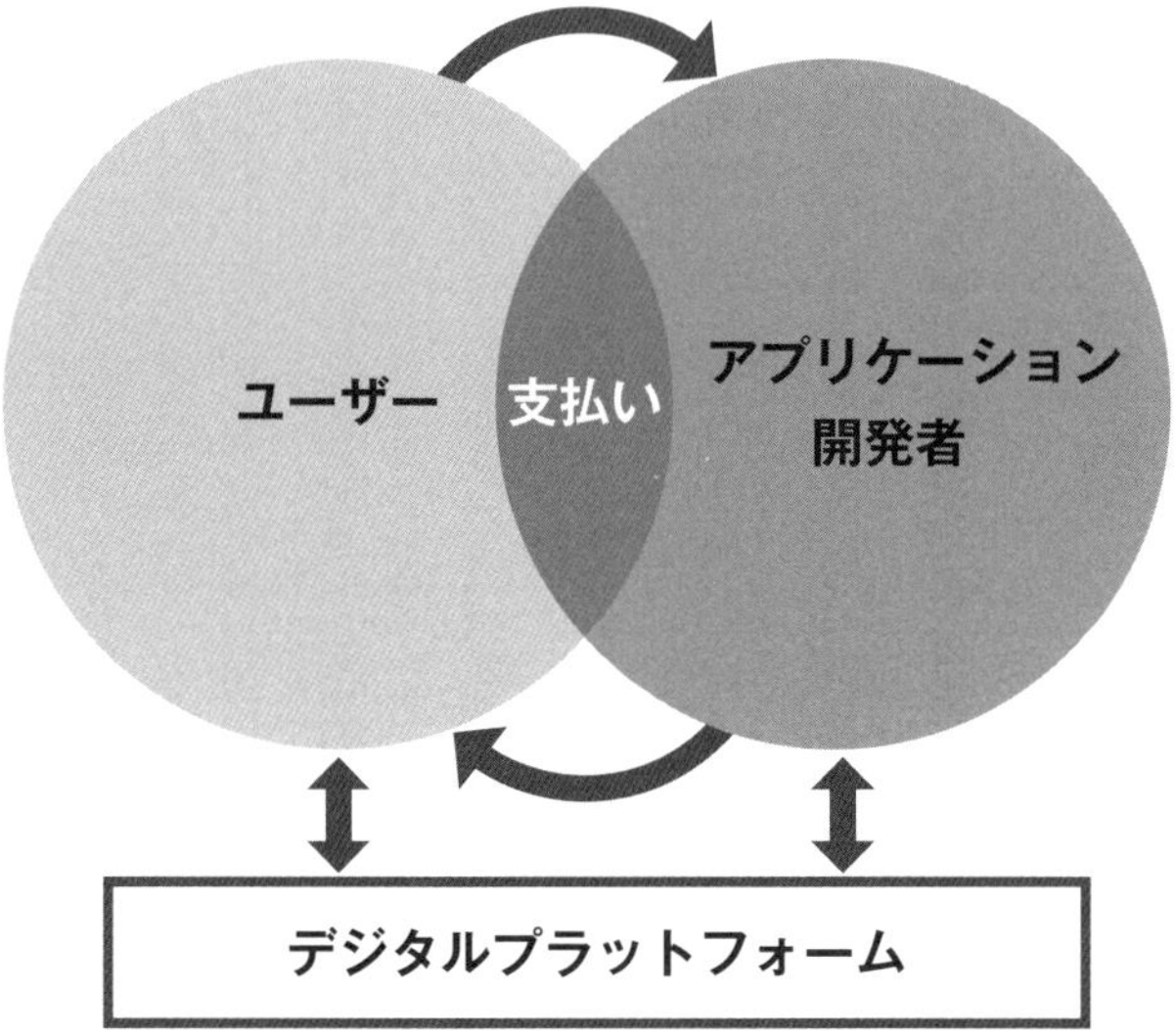

です。これまではトラック積載時におけるパレット枚数をドライバーが目視で確認し、出荷シートに書き込んでいたので出発前に少なからぬ時間がかかっていました。この工程を、パレットファインダーを導入することで短縮できます。

工場や物流センターにおいて、貨物をトラックに積み付けた状態をトラックドライバーがパレットファインダー機能を実装したスマートフォンで撮影します。トラックに搭載されたパレットの色と形状から、数量の把握が瞬時に可能となります。

5 物流デジタルプラットフォームにおけるＡＰＩ
――ユーザー群をつなぎ標準化を促進

デジタルプラットフォームの強みをフルに生かすには、ＡＰＩが欠かせません。デジタルプラットフォームにおけるＡＰＩ（プラットフォームＡＰＩ）とは、内部（プラットフォーム）と外部（ユーザー群）をリンクさせる標準化されたインターフェースのことです。

プラットフォームＡＰＩのメリットは、外部の開発者の視点では、デジタルプラットフォームをあたかも内部システムのように活用できるため、システム開発も容易になり開発時間も短縮できることにあります。一つのプラットフォームを複数のユーザーで利用可能なため、プラットフォーム利用のコストも低減できます。

ただし、ＡＰＩというしくみの利点を最大限に活用するためには、システムの標準化とオープン化が必要となります。「社内システムに標準化とオープン化の機能を構築する」という決断を多くのネット通販大手企業が行っています。ウェブを介しての注文の履歴の保存、決済処理の合理化、ＡＩによるリコメンドなどの円滑化です。社内システム間のインターフェースについて、社内のシステムを見直し、標準的なインターフェースで統一化していきます。データベース、処理機能、課金機能といった社内のデジタル処理機能が標準インターフェースによって適時に分離するのです。

入荷バースやWMSとの連動

物流現場でも、APIを連携したデジタルプラットフォームが稼働しています。

サプライチェーンの川中・川下（卸売業、小売業）で、物流・商流デジタルプラットフォームの活用に際して重要な役割を担うのはトラックドライバーなどが使う業務用携帯端末（ハンディターミナル）やその機能を併せ持つスマートフォンです。物流・商流データプラットフォームによりトラック運送の現場に係わる貨物情報、輸送状況、位置情報などをスマートフォンも含めた業務用携帯端末を用いて、共有、可視化することができます。物流デジタルプラットフォームとそのAPIを活用することで外部サービスとの連携がスムーズに行えますし、トラック運送の現場から集荷情報、伝票情報、貨物追跡情報、入荷バースなどをウェブ上で確認できるようになります。

WMS（倉庫管理システム）のAPI連携も重要な取り組みです。膨大な量の発送物を抱えるネット通販では、WMSとの連携がAPI連携できれば大幅な効率化・省力化が達成できます。

NXグループの送り状発行システムは、送り状の発行から配達状況の確認までを一本化したサービスでAPI連携機能を提供しています。

ヤマト運輸は、フリマ・オークション事業者向けに配送連携APIを提供しています。この配送連携APIにより、小規模なフリマ・オークション事業者にとっては、集荷依頼や送り状の手書き、配送料の現金の支払いをしなくて済むことは大きなメリットです。

国策レベルでの全体最適を目指す流れ

デジタルプラットフォームについては、企業別、業界別などのデファクトスタンダード任せにせず、業際的なデジタルプラットフォームを構築し、公共利益を追求していこうという構想も出てきています。これまで似たような構想が出ては消えているのでその効果のほどは未知数ですが、サプライチェーンの部分最適から脱却して全体最適を目指すには、国策レベルでのデジタルプラットフォームが必要という考えで進められています。

グローバルレベルのプラットフォームには、独仏主導で進められている欧州データ流通プラットフォーム「ＧＡＩＡ－Ｘ」（ガイアエックス）などがあります。ＧＡＩＡ－Ｘは、欧州域内外でのクラウドサービスを単一のシステム上で統合し、ＡＰＩを活用して業際的規模でのリンクを構築していくというものです。

他方、中国ではデジタルプラットフォームの構築については国家が規制を強める方向にあります。阿里巴巴集団（アリババグループ）、騰訊（テンセンス）などのプラットフォーマーが市場を独占することに危惧を抱いているからです。もっとも、プラットフォーマーに対する警戒感は欧米諸国などでも出てきています。たとえばアマゾンはＥＵ（欧州連合）の一般データ保護規則（ＧＤＰＲ）に違反したとして、巨額の制裁金を科されています。

米国でもプラットフォーム規制の機運が高まっており、大手プラットフォーマーの分割論も出てきています。世界規模でデジタルプラットフォーマーを特定の巨大企業などに委ねるのではなく、国策レベルで管理していくという方向性がより一層、強まる可能性は高いといえるでしょう。

デジタルプラットフォーム取引透明化法の効果

スマートサプライチェーンの高度化を実現するために、我が国でも計画物流の推進を念頭に商流・物流デジタルプラットフォームの構築が進められています。計画物流とは、事前に出荷量、輸送量、在庫量、輸送地域などを明確化したうえで、それにあわせた物流計画を立てて対応するという物流スキームです。ビッグデータ化したデジタル情報をベースにしたＡＩ需要予測などを活用し、ブロックチェーンとのリンクを進めていく構想です。

我が国ではプラットフォームの法整備は進められています。民間企業などによるデジタルプラットフォームの相次ぐ構築などに対応するため、令和２年には、「特定デジタルプラットフォームの透明性及び公正性の向上に関する法律」（デジタルプラットフォーム取引透明化法）が成立、公布されています。デジタルプラットフォーマーに対して、取引条件などの情報の開示、運営における公正性確保、運営状況の報告義務付、評価・評価結果の公表などを講じるものです。

デジタルプラットフォーマーの自主性を尊重し、国の関与などは必要最小限とはしていますが、独占禁止法違反の恐れがあると認められる事案を把握した場合は、経済産業大臣が公正取引委員会に対して同法に基づく対処を要請することとなっています。

6 物流DXプラットフォーム構築の手順と注意点
――導入までの複数のプロセスを経てゴールを目指す

クラウド環境をメインとしたアジャイル型開発

５Ｇ時代への突入を受けてプラットフォームはＰａａＳ（プラットフォーム・アズ・ア・サービス）となりました。クラウド型のプラットフォームの果たす役割が大きくなってきています。

物流ＤＸプラットフォームは、膨大なデータの管理、収集、蓄積、連携、分析、さらには情報共有による可視化を推進するインフラです。物流ＤＸプラットフォームの構築にあたっては、まず自社ビジネスにとって、どのようなプロセスのデータ分析が必要なのかということを検討します。

システム開発についてはアジャイル型開発でクラウド上をメインに構築していくことになります。既存の基幹系システムや情報システムとのリンク、エッジデバイスとしてのセンサー、カメラなども活用していきます。搭載機能としては、データ収集、データ蓄積、データ分析、機械学習、さらには地理空間などの実装するモデリング機能といったものになるでしょう。

入念な準備を経て構築

プラットフォームの構築にあたっては、基本方針を取りまとめ、機能検証などを行ったうえで、機能選定、実証、内容設定などの詳細を詰め、基本機能から実装していきます。もちろん構築にとどまらず、運営にも乗り出さなければなりません。ビジネスモデルを入念に検討したうえで運営を行うことになります。

サプライチェーン上の流通在庫や納品トラックをデジタルプラットフォームで一元管理することがまずは重要になります。そのためには倉庫内の作業環境をこれまで以上に改善する方策を検討します。そのうえで改善の最終的なゴールを念頭にコスト・予算別にシミュレーションを行ったりできるようにします。そのためには受発注関連などの書類の自動発行や納品関連などの書類データのクラウドでの一元管理が求められます。

さらにいえば、ＡＩ、ＲＰＡ、ＩｏＴなどの端末デバイスからのデータをクラウド上のＤＸデータとして活用していきます。またレガシー化するリスクのあるＥＲＰ（基幹システム）などについては、システム特性などを評価、分析し、適時、クラウド環境への移行を図ります。

海外の物流企業の興味深い事例として、ドイツのＤＨＬサプライチェーンが物流拠点でのロボットなどの自動化装置の活用を目的としたプラットフォームの構築があります。プラットフォームを介すことで複数のロボットメーカーを選択し、異なるＷＭＳへのリンクをスムーズに行い、活用できるというものです。

デジタイゼーションとデジタライゼーションの相違を把握

一般にデジタル化することをデジタイゼーションといいます。紙媒体をデジタルデータ媒体にするなど、ビジネスプロセスのデジタル化を指します。これに対してデジタライゼーションは、デジタルテクノロジーを活用してビジネスモデルを刷新することなどを指します。出荷伝票などを紙媒体で扱っているのを電子化し、デジタルデータで残すようにすることがデジタイゼーションで、そのプロセスを一歩進め、デジタルツインなどを導入し、出荷プロセス自体をデジタル化していくのがデジタライゼーションです。

ＤＸのいうところの「デジタルトランスフォーメーション」はその先の概念と考えられています。レガシーシステムで行われたデジタル化を全面的にリニューアル、アップデートさせて、クラウド上で管理するのです。

自社のＤＸ移行戦略のステージがデジタイゼーションか、デジタライゼーションか、ＤＸにたどり着いているレベルなのかをしっかりと見極める目が必要です。

CDXOの設置でスペシャリストを活用

物流ＤＸを推進するにあたって求められるものの一つに人材育成があります。ＤＸに強みを発揮できるエンジニア、プログラマーなどの視点や経験を持つ人材が必要になるからです。

また社内にＤＸをトップマネジメントから陣頭指揮を行える人材も必要です。近年、注目されているのがＣＤＸＯ（ＤＸ最高統括責任者）の設置です。ＣＩＯ（情報最高統括責任者）が兼務してもかまいませんが、役員レベルでＤＸに特化したかたちでスペシャリストを据えることでＤＸ推進プロセスがスムーズに進めることができます。

もちろん、若手の人材育成も重要です。近年の社会環境の激変で情報通信のノウハウや知見がパラダイムシフトを引き起こしている現況をふまえると、企業が若手社員を大学などに一定期間戻すことで新しい知識や技能を修得させるリカレント教育の推進が望まれます。ＩＴやＤＸに関する知識は、継続的なアップデートが必要とされるからです。

すなわち内製化の下地を作っておく必要があるのです。ＤＸの構築、運営、メンテナンスがすべて外部委託となり、ブラックボックス化することを防ぐには内製化も重要なポイントとなります。あわせて、リモート環境を効果的に活用し続けることでＤＸ推進の土台を固めておくという考え方も大切になってくるのです。

7 物流DXプラットフォームのイメージを具現化
――最新テクノロジーをシームレスに活用

クラウド上での情報共有を推進

デジタイゼーションとデジタライゼーションが異なるように、デジタルプラットフォームとDXプラットフォームとは意味合いが異なります。デジタルプラットフォームという場合にはオンプレミスやレガシーシステムも含まれることになりますが、DXクラウドネイティブのプラットフォームに加えてその上位のERPを含みます。

物流DXプラットフォームのイメージとしては、ERP、TMS、WMSなどの物流情報システムとの連携・統合のもとに、貨物量、荷動きに対する超高速処理機能とAIなどを駆使したビッグデータの分析機能や需要予測機能、さらにはRPAなどによる自動化機能といったものを併せ持つクラウドネイティブのシステムということになります。プラットフォームには、物流・ロジスティクス領域における荷主、物流事業者、協力企業、配送パートナーや下位情報システムのデータをリアルタイム処理できる能力が必要です。また、プラットフォーム上の一連のシステムはシームレスに統合・連携が行われ、最新のテクノロジーが常に活用可能な環境となっている必要があります。

レガシーシステムによる「崖」の発生

第1章で概要を述べたようにレガシーシステムには「崖」の問題があります。

レガシーシステムからの脱却を意識し、ＤＸプラットフォームの構築について積極的に取り組まなければ、ＤＸを推進するサプライチェーンから取り残されてしまうことにもなりかねません。

レガシーシステムがデータサイロ化を引き起こしている恐れがあります。データサイロ化とは業務アプリケーションなどが相互連携されない状態のことです。個別ソリューションはそれぞれ部分最適を達成してしまっています。他領域との連携が考慮されずにシステム構築が行われた場合の帰結といえます。当然のことながら、データサイロ化を引き起こしていると、ビッグデータの活用もうまく進みません。

個別のソリューションが乱立するレガシーシステム

ＤＸプラットフォーム以前のレガシーシステムでは、個別のシステムがいくつも入り組むかたちでシステム連携・統合が完成しているので多重管理型とならざるを得ず、システム連携などが非効率なかたちとなり、そのためにコストがかかります。

たとえば、管理業務として顧客管理、人事管理など、バックオフィス業務としてドライバーやトラック車両のデータの管理や従業員情報の管理などを行うとすれば、運行管理システム、会計システム、労務管理システム、安全管理システム、資産管理システムなどの多様なアプリケーションを統合・連携させて管理しなければならなくなります。クラウド型ではなく、オンプレミス型ならば連携は一層複雑になります。ビッグデータから必要なインサイトを取り出していくことは多重管理型のソリューション集合体には荷が重すぎるといえるでしょう。

しかし、クラウドネイティブを中心に据えたリアルタイム対応のＤＸプラットフォームを構築

図2-6　物流DXプラットフォームのイメージ（例）

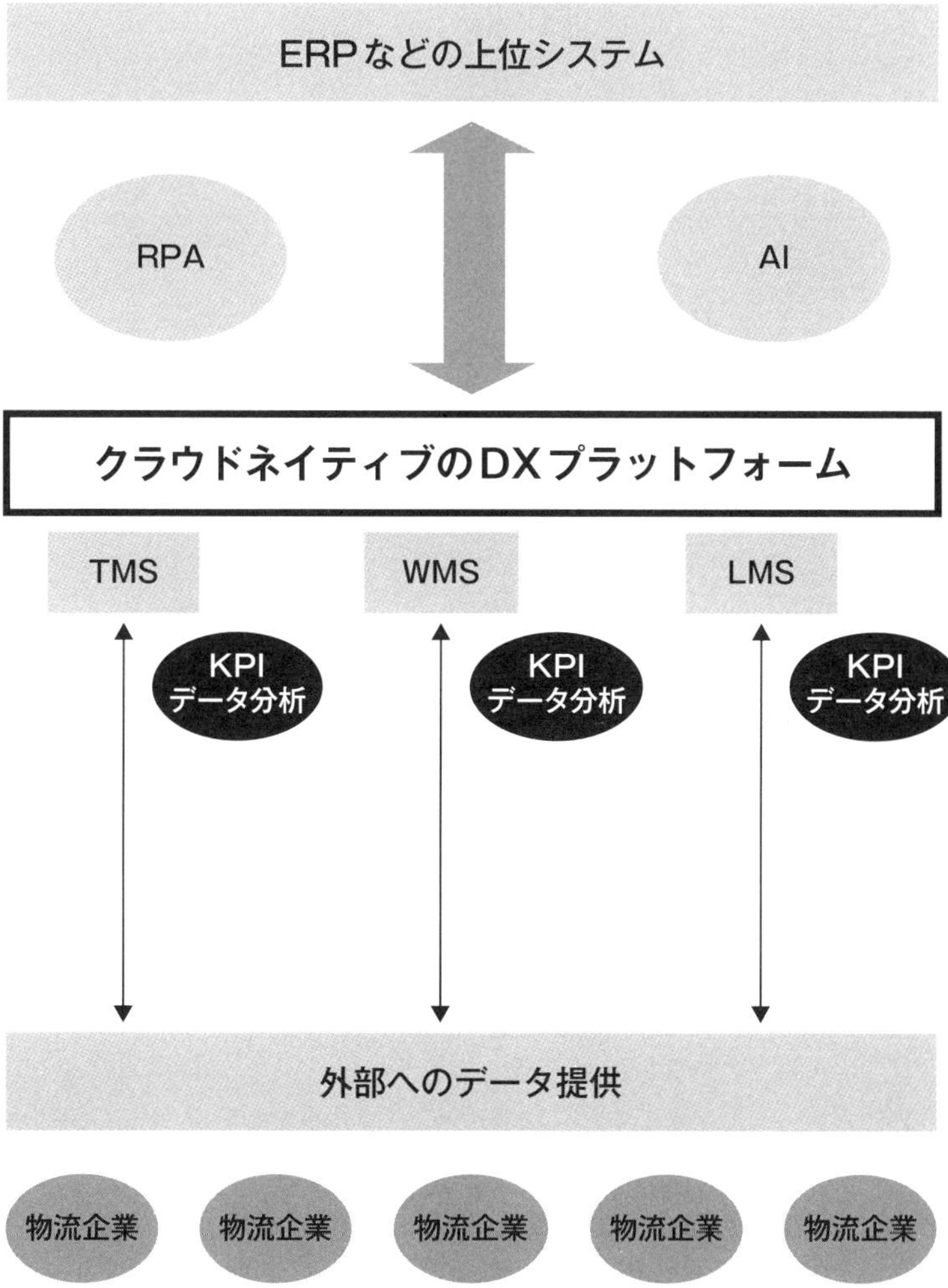

すれば、負荷は大きく解消されます。

DXプラットフォームで目指すのは、異なる領域のアプリケーションとのデータ連携が可能でクラウド上のデータに組織内外を問わずアクセスできる環境の構築です。また、企業1社の個別ソリューションの統合・連携だけではなく、多企業間、業界レベル、あるいは業際レベルでのサイロ化からの脱却を、DXプラットフォームの構築と運営で図る必要もあるでしょう。

もちろん、物流の場合は、クラウド上やデジタルレベルだけでのプラットフォームではなく、大型物流施設などのハードインフラのプラットフォームも必要になってきます。実際、大手物流企業は大型物流施設のスマート化に乗り出し、フィジカルプラットフォームとしての活用を視野に入れています。

物流・ロジスティクス領域がモノの流れと情報流を相互に補完し合い、巨大なミックスドリアリティ（複合現実）型のプラットフォームの構築に動き出そうとしているのかもしれません。

第3章

デジタルサプライチェーンと物流DX

1 デジタルシフトが進むサプライチェーン
——加速する無人オペレーションへの流れ

製造業では、ＩｏＴ、ＡＩ、そしてＤＸを融合させて、調達と生産のプロセスの省人化、完全自動化を進めています。いわゆるスマート工場の推進です。製造業に限らず、卸売業でも小売業でも、そして物流業でもスマート化が進んでいます。スマート物流センターやスマート店舗も非対面型の推進という観点から注目されています。

さらに、スマートサプライチェーンのフレームワークのなかに「いかに効果的、効率的なデジタルプラットフォームを組み込むか」が重要なポイントとなってきています。蓄積したビッグデータのＡＩ分析をもとにしたプラットフォームを構築し、ユーザーフレンドリーなビジネスモデルを提供できるかどうかが強みになりつつあります。

伝統的なサプライチェーンは、製造業が製品を開発、生産し、多段階流通過程を経て、一般消費者に供給されるという「単純なサプライチェーン」でした。モノと情報の流れのなかで価値が創出され、それぞれのプロセスでキャッシュフローが発生するというモデルです。

ところが、ＤＸ時代のスマートサプライチェーンでは、情報の徹底的な可視化を前提として設計、構築が進められています。アナログなモノの流れ（フィジカルディストリビューション）とそれに付随する情報ネットワークだけではなく、さらに異なる階層に、ビッグデータにより裏打ちされたデジタル情報基盤が存在するというモノの流れと情報流が密接にリンクした「重層的なサプライチェーン」の出現ともいえます。

すなわち、伝統的なアナログサプライチェーンから新時代のデジタルサプライチェーンへの変換、言い換えれば物流ＤＸの領域をさらに拡張した「サプライチェーンＤＸ」をいかに推進していくかということが、デジタル時代の日本の大きな課題ともいえるのです。

サプライチェーンの現場において生成されるビッグデータをいかに有機的に活用し、有効に活用できるかどうかがきわめて重要です。そしてその決め手として注目を集めているのがＤＸなのです。

標準化により綿密化する物流ＤＸの枠組み

最新の物流センターでは庫内作業をできるだけ標準化する方針がとられています。自動倉庫の導入、高度で高速のデジタルピッキングシステムの導入、自動梱包システムの活用、ＡＩとリンクしたＲＦタグ（非接触タグ）の標準装備などが推進されています。

物流センターの「無人化」の動きも加速しています。

近年、無人ミサイル、無人戦車、無人迎撃システムなど軍事関係における「無人化」が急速に進み、戦争における省人化が進んでいます。また、無人ヘリコプターや無人飛行機は自らの判断で航路を決定し、無人警備システムでは敵か味方かの判断を人間ではなくコンピュータが行い、必要ならば射撃などの防衛手段を講じます。

ビジネスでも無人化が大きなトレンドとなってきています。「受発注処理、在庫レベルの管理、共有すべき情報の提供、生産計画、さらには工場、物流センター、店舗などのオペレーションをコンピュータが判断し、無人化された関連機器、什器などにより作業が行われる」という状況が、近未来に相当な確率で実現すると考えられています。

多くのオペレーションは手荷役から機械荷役にシフトするかたちで自動化が進められてきました。ＲＦタグの導入なども その流れのなかにあり、小売店舗などで主要商品に装着したＵＨＦ帯ＲＦタグを読み取ることによるレジの自動化実現に成功した事例も多数報告されています。

さらにトレンドは自動化から無人へとシフトしつつあります。店舗における「考える人型ロボットによる販売システムの構築」といった話が高い現実性を帯びてきているというわけです。

ビジネスの世界においては物流へのＡＩの導入が進み、物流センターの無人化が現実味を帯びてきています。ＡＩ搭載の自動倉庫や在庫管理システムが近未来の物流センターの中核に据えられる可能性がきわめて高くなってきているわけです。

ちなみに近未来の無人化物流センターの１日のオペレーションの流れはおそらく次のようになるはずです。

まず、自動運転トラック、隊列走行型トラック、ロジスティクスドローンなどが物流センターに到着します。入荷業務における無人フォークリフトはＡＩプログラムコントロールで荷卸しを行い、ＲＦアクティブタグを装着したパレットとそれに搭載されている貨物は無人センターの無線リーダーを介して無人での入荷検品が完了します。

パレットラックに格納、保管された貨物は、庫内を自動で巡回するロジスティクスドローンにより棚卸し作業が行われます。ＡＩにより出荷予測を精緻に行うことができるようになった庫内司令塔のＷＭＳからの発注指示により、出庫、出荷作業が無人フォークリフトとパレタイズロボットの連動により進められます。パレットに装着されているアクティブタグが出荷データを瞬時に

図3-1　デジタルサプライチェーンへの移行

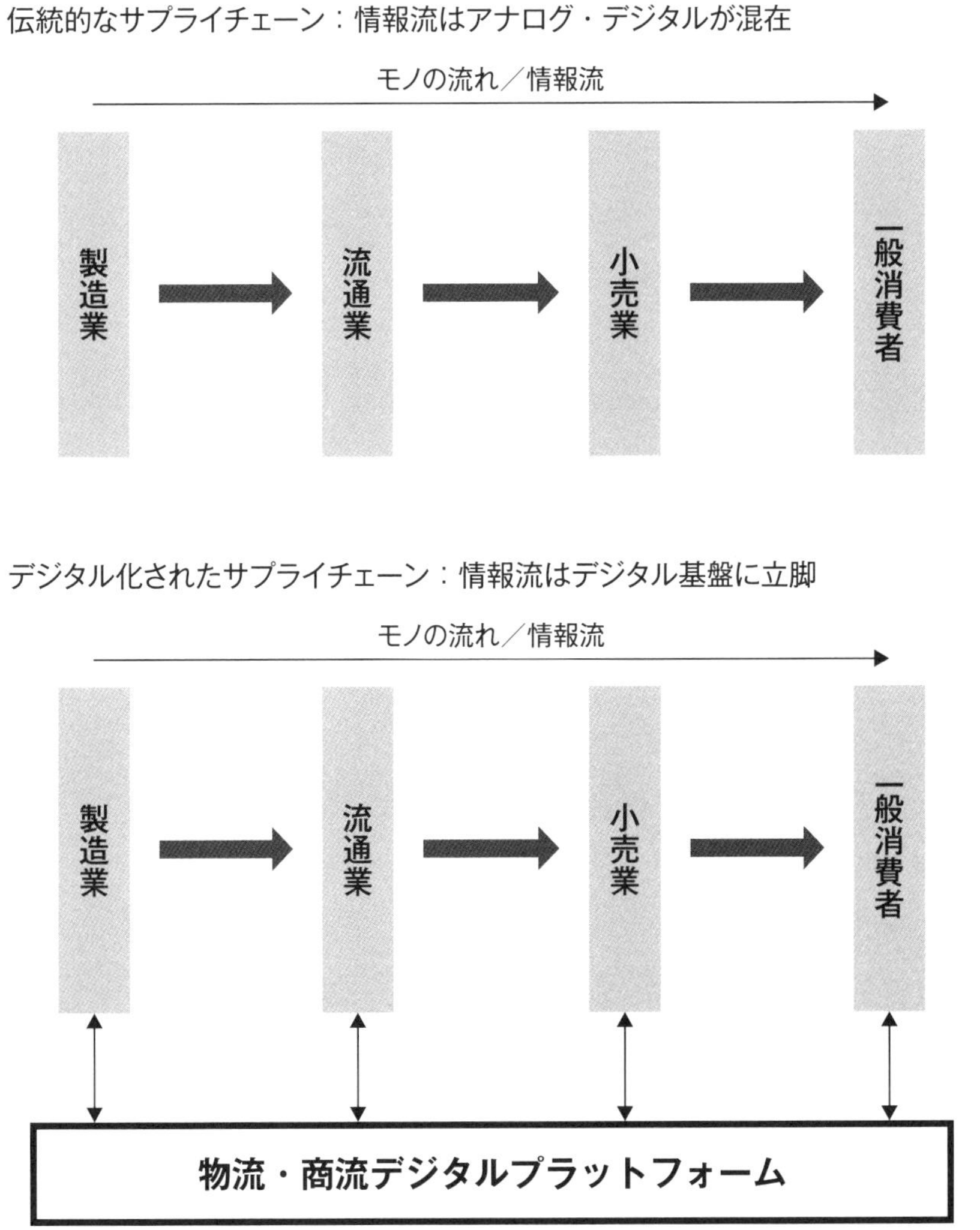

読み取り、出荷検品を終えると、無人フォークリフトは自動運転トラックに対して積み込み作業を行います。自動運転トラックは機械学習機能を搭載しているＴＭＳの指示を受け、最短化、最適化された巡回配送ルートで納品を完了します。

納品完了の通知はＡＮＳ（事前通知システム）やＷＭＳを介して、物流センターにフィードバックされます。

サプライチェーンが、デジタルツインの技術によりリアルとバーチャルの双方を見定めながら可視化、透明化されていくことになります。

2 AI需要予測の実現——勘と経験だけのオペレーションからの脱却

精度を上げるデータ分析

サプライチェーンのビッグデータを活用するうえで重要視されているのが需要予測です。サプライチェーンにおける効率化を進めるにあたり、在庫情報、入出荷情報、販売情報などを共有していくことが重要になります。これは、「どの商品がどれくらい必要になるか」ということを予測し、「必要な商品を必要なだけムダ、ムラ、ムリなく供給していく」というSCM（サプライチェーンマネジメント）の考え方を具現化するためです。サプライチェーンのDXを進めるためには各領域のビッグデータを有効に活用し、共有することで需要を予測する必要があるのです。

需要予測を行うには、過去のデータをもとに分析する時系列分析法、前後データの平均を取る移動平均法、過去のデータから算出した予測値を用いる指数平滑法、関連情報の因果関係などを根拠に予想を行う回帰分析などの手法を用います。さらにここにきて注目を集めているのが機械学習のアルゴリズムを用いたAI需要予測です。

AI需要予測では、日時によるデータの変化を示すカレンダー要因、在庫や貨物の属性をもとに入出荷高との関連性、相関性などをAIにより抽出、需要を予測していきます。

たとえばBIPROGYは、ライフコーポレーションと共同でAI需要予測による自動発注サービスを開発しています。販売実績、気象情報、企画情報などのデータから小売店舗の商品発注数を自動算出し、発注量を適正化することにより欠品や廃棄ロスの悪化を防止するなどの効果を上げているそうです。

三陽商会はファッションポケット社と業務提携を結び、企画精度の向上、売上高・粗利益高の最大化、在庫適正化を図るため、ＡＩを用いたファッショントレンド解析を導入しました。三陽商会が推進するＤＸ戦略の一環で、需要予測の精度向上を目指しています。ＡＩ需要予測との比較分析により商品企画をより緻密なものにしていくのです。

求められるサプライチェーン戦略のイノベーション

ＡＩ需要予測の発達は企業のサプライチェーン戦略に大きな影響を与えることになります。需要を予測するということは、すなわち未来に起こることを知るということです。

しかし、当然のことながら未来には未確定要素が数多く存在し、簡単に予測することはできません。そこで、「これまでこれくらいの量が売れたから今後も同じくらい売れるはずだ」「徐々に売上高が増えているから、今後も同じようなペースで増えるだろう」など、ある時点での実績をベースに何らかの法則性を見出して予想するということが出発点になります。それをより精緻に行うのが先述した一連の需要予測の手法ですが、それでも予測のブレは出てきます。

精度を上げようとするときに確実にいえることが一つあります。それは「遠い未来よりも近未来のほうが予測しやすい」ということです。１年先のことよりも１時間後のことのほうが予測の精度は高いわけです。これを物流的に表現すると、「短リードタイム、在庫最小化、商品の短サイクル化」ということになります。「リードタイムが短く、在庫は最小限に持ち、商品は短いサイクルで売り切る」というモデルが、「必要なときに、必要なモノを、ムダ、ムラ、ムリなく供給する」というＳＣＭのコンセプトに最も適しているというわけです。

しかし、ＡＩ需要予測が発達し、需要予測が近未来だけではなく、ある程度現在から距離のある未来についての予測も可能になるならば、ＳＣＭの考え方も変わってくる可能性があります。ＡＩで需要予測の精度が上がるならば、リードタイムが緩やかで、在庫を多めに抱え、比較的長いサイクルの商品が売れ残るということを心配しなくてよいことになります。リードタイムが長く在庫を多めに持ってもかまわないのならば、より一層のコストダウンが可能になるというケースも増えてくるでしょう。商品のライフサイクルが長くなることも生産効率の向上につながります。ＡＩ需要予測の精度向上がビジネスモデルの大きなイノベーションに結びつく可能性はきわめて高いといえます。

転機となる量子コンピュータの活用

ＡＩ需要予測では、データ処理のスピードが上がれば精度が向上します。したがって、４Ｇよりも５Ｇのほうが、あるいは量子コンピュータを導入するほうが精度は向上します。

たとえばある総菜工場では大人数の従業員の作業シフトを量子コンピュータを用いて生成しています。熟練の担当者が30分かかるところを瞬時に生成することが可能になります。ビッグデータをＡＩを駆使して生成する際も、量子コンピュータを使えばそのスピードは格段に速くなるのです。

内閣府が発表した「量子技術イノベーション戦略最終報告」では、量子インターネットについて基本機能の実証を行うこととしています。量子インターネットの時代に突入すれば、ＡＩ需要予測の精度はますます向上することになるでしょう。そうなると、在庫管理に関する方針や戦略、サプライチェーン全体の戦略構築なども現状とは大きく変わってきます。したがって、ＡＩ需要予測の周辺強化という意味合いから、ビッグデータを吸収していくことになるサプライチェーンの各領域のデジタルシフトを着実に推進していく必要があるのです。

図3-2　AI需要予測の可能性

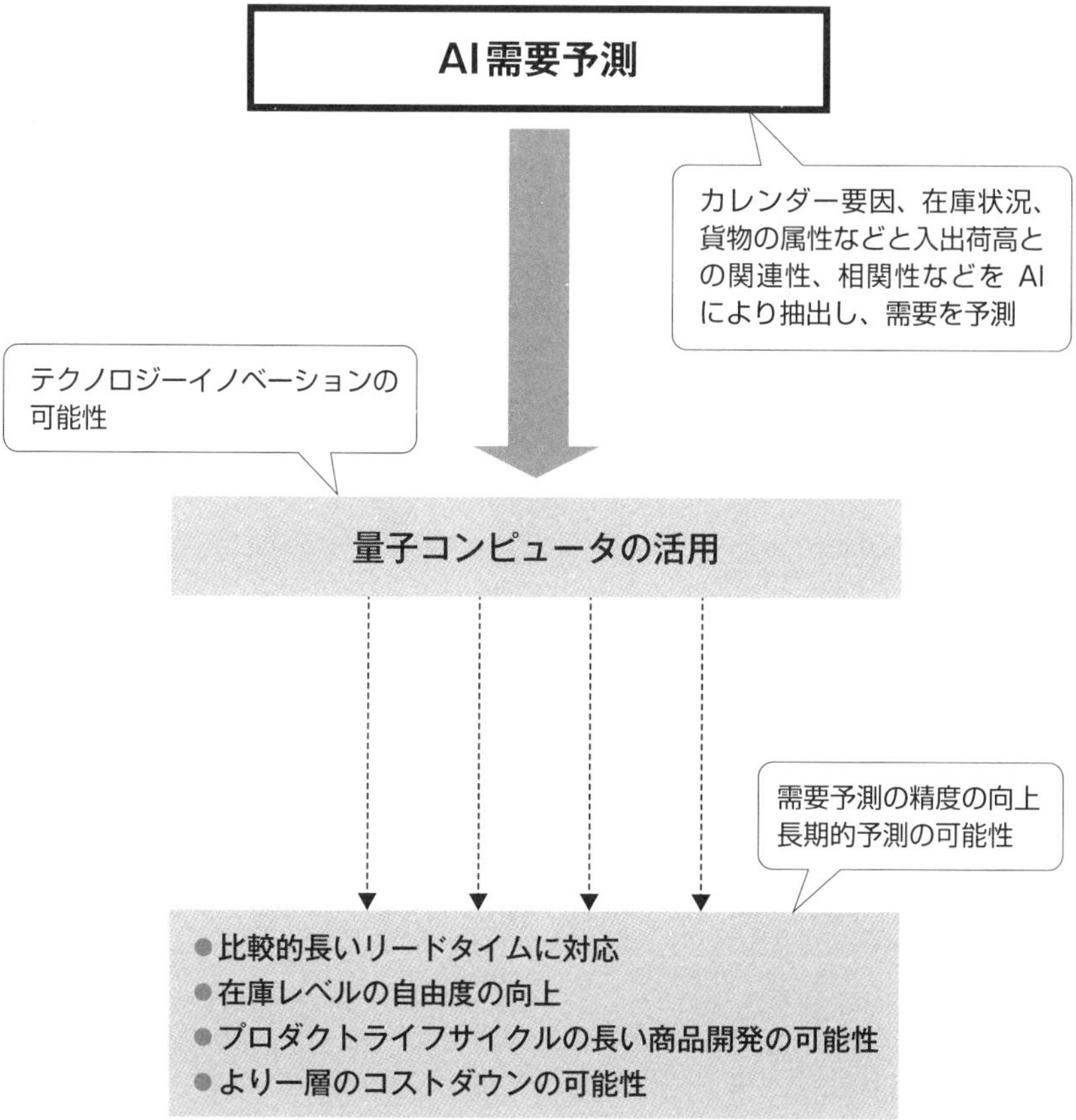

3 サプライチェーン最適化を視野に入れたデジタルツインの活用
——リアル物流に付加されるバーチャル物流の世界

デジタルプラットフォーム上での製販在情報の共有

ＡＩの発達で需要予測の精度向上が期待される反面、現状の需要予測はまだまだ不安定な部分が少なくありません。需要変動の激しい物品の在庫管理について、生産管理の領域で使われているＰＳＩ（製販在）計画が物流領域などにも導入され始めています。

ＰＳＩは、生産（プロダクション）・調達（プロキュアメント）のＰ、販売（セールス）のＳ、在庫（インベントリー）のＩをあわせた言葉です。適正在庫レベルを維持していくために生産計画、販売計画、在庫計画を同期化し、数的根拠をもとに策定された販売計画をベースに在庫計画を立て、それに基づいて生産計画を立案します。それぞれの部門の計画については全体で情報を共有していくことになります。

サプライチェーン全体でＤＸを推進する流れが強まっているなか、従来は、勘や経験、手作業などで策定していた各部門の計画を、数的データをＡＩで分析したうえでの綿密化を図り、クラウド上のデジタルプラットフォームを活用し、リアルタイムでの情報の連携、共有を推進していきます。

論理的なロジスティクスの効率化を実現

ＰＳＩのデジタルプラットフォームにデジタルツインを組み込むことで精度を上げていくこと

も検討されていくでしょう。

デジタルツインは、実作業の情報をＩｏＴなどで収集し、それをそのまま仮想空間で再現する技術です。リアル空間をデジタル化、アニメーション化してリアルタイムで再現します。データはクラウドのサーバーにリアルタイムで送信され、ＡＩが分析します。

デジタルツインを導入することで、データをもとに設定を修正したり、プロセスを精緻に予測したりすることで全体最適を実現しやすくなります。

たとえば、リードタイム、作業スケジュール、作業人員、原材料調達などを最適化することができます。生産工程や物流工程では工場の生産工程や物流センターの荷役作業などの現実空間を仮想空間で再現できるので、生産コスト、作業コストなどを適切に算出したり、コスト削減の方策を導出したりすることが可能になります。

物流ではＤａｔｕｍｉｘ（データミックス）社がトーヨーカネツ社と共同開発で「ＡＩアルゴリズム」を開発しています。通販（ＥＣ）向けの物流センターで活用される立体マルチシャトル自動倉庫の複雑な順立て出庫の制御ロジックを手作業によるプログラミングではなくＡＩを活用して行うというものです。その効果の検証についてデジタルツインが活用されています。リアル空間での物流センターの立体シャトル自動倉庫をデジタルツインにより仮想空間に投影し、既存アルゴリズムとＡＩアルゴリズムを比較検討し、集約出庫にかかる時間が20％短縮されるとされています。

エッジコンピューティングの活用

サプライチェーンのデジタル化の視点から分散型アーキテクチャのエッジコンピューティングにも注目が集まっています。「エッジ」とは文字通り「端」のことで、エッジコンピューティングとは中央集約型のクラウドコンピューティングから遠く端末に近いところでコンピュータ処理を行うことです。端末に近いということは、現場に近いということです。データの分析や処理を低遅延、すなわち短い遅延時間で完了することができます。エッジコンピューティングで分散化したＡＩと組み合わせると、重要な演算処理を現場で完結でき、システム全体のレスポンスも早くなります。

また、たとえばロッテルダム港ではＩＢＭが開発したエッジコンピューティング対応のＩｏＴソリューションが採用され、デジタルツイン型の運航シミュレーションを行い、それをベースに港内の船舶管制を行っています。潮位、天候、船舶の運航状況などのデータをエッジデバイス（センサーなど）でモニタリングすることで効率化を図っています。

図3-3　物流センター実作業のデジタルツイン化（例）

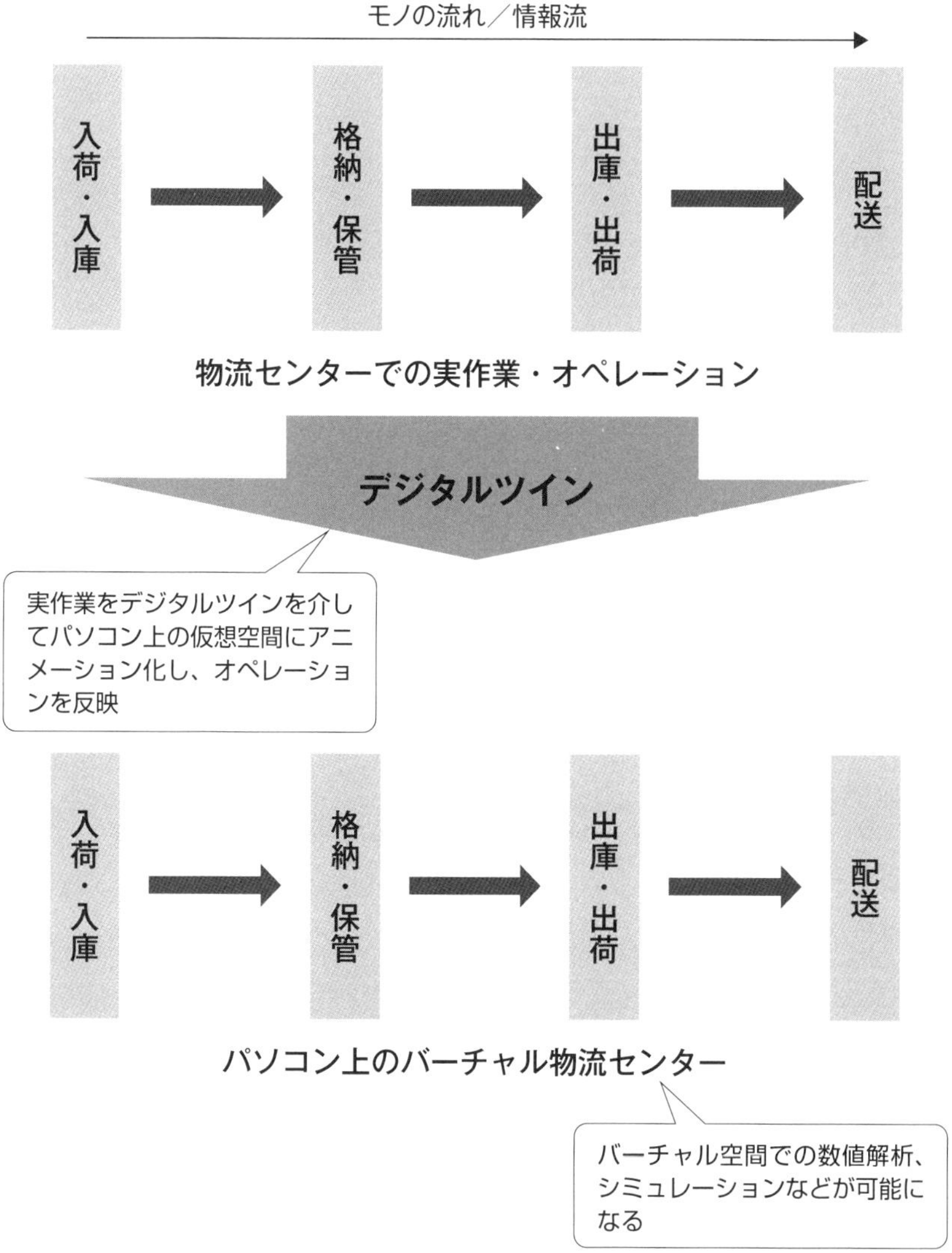

4 サプライチェーン・ロジスティクスで加速するマイクロ化
——ビッグデータの活用を部分最適から実装

機敏なオペレーションを支援

デジタルシフトが進むなかで、サプライチェーンのマイクロ化も一つの潮流となってきています。マイクロ化によりサプライチェーン全体の構図から限定的となる一部セクションを取り出し、分散管理していくという動きです。この場合の「マイクロ」は小規模、あるいは細部という意味です。

サプライチェーンはグローバル化によりその物理的な距離も伸びてきましたし、ビッグデータの情報共有もネットワーク全体で幅広く精緻に行われるようになってきました。しかし、サプライチェーンの規模自体があまりに大きくなりすぎて、小回りが利かなくなってきているという側面もあります。そこで一部を切り出し、それを最適化していくという発想が生まれてきました。もちろん最適化された情報、データについてはクラウド上のプラットフォームで共有されます。

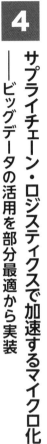

これまでSCMでは「部分最適の和は必ずしも全体最適にはつながらない」と考えられ、部分最適につながるような細部の抽出とそれに伴う改善にはよいイメージを抱かれない向きもありましたが、マイクロ化により、細部についてもサプライチェーンの全体の枠組みに配慮しながら最適化を推進していこうとしています。

実際、いかにサプライチェーン上の情報共有が必要といわれても、止めどもないビッグデータ化をヤミクモに共有していては緻密な情報管理は難しくなります。しかし、クラウド上のプラットフォームにＡＰＩでアクセスするかたちで共有するのならば負荷は比較的小さくて済みます。そこでサプライチェーンのマイクロ化が有力な選択肢となって浮上してくるわけです。

サプライチェーンのマイクロ化は、先に紹介したＰＳＩやＳ＆ＯＰ（セールスアンドオペレーションプランニング）をデジタルプラットフォーム上で展開しつつ、企画・開発、生産、流通、販売、フルフィルメント（庫内物流業務）といった各領域の最適化を進めていくということになります。

サプライチェーンの物理的な距離についても可能な限り短くし、規模も絞ることで機敏な対応を可能にし、最適化を実現しやすくします。相次ぐ大型自然災害や国際有事の発生でサプライチェーンの分断や途絶が問題となるケースも増えています。全体最適を推進するあまり、大きなボトルネックが発生してしまえばそれが原因となり、サプライチェーン全体がストップしてしまうリスクも出てきます。物理的な距離も短いほうが機敏性が高まるという発想です。

ネット通販のソリューションとして期待値の高まるマイクロフルフィルメント

近年、リアル店舗の需要をバーチャル店舗が引き継ぐ傾向も強まり、ロングテール型在庫管理を行うフルフィルメントセンターの需要が急増しています。ネット通販企業は相次いで高度なフルフィルメントの実践に乗り出しています。

「フルフィルメント」とは、英語で「遂行」「達成」という意味ですが、物流で用いる場合は、受注から商品発送、在庫管理、入金管理、さらには返品管理・クレーム処理などのアフターサービスまで、庫内外での一連の業務の戦略的な流れを指します。

フルフィルメントセンターでは顧客満足度の向上や付加価値サービスの増加に力点が置かれます。高度なWMSが導入され、物流DXを推進したうえでの労務管理、作業管理の徹底などによる運用コストの低減、在庫レベルの引き下げが図られているのです。DXとのリンク、無人フォークリフト、AGV（無人搬送車）の活用などによる無人化の推進も進み、SCMの高度化の司令塔となっています。

なお、スタートアップ企業などの場合は、基本的に物流はアウトソースになるので、物流センター運営はフルフィルメント業務のノウハウのある3PL企業などの手を借りざるを得ません。

このように発達してきたフルフィルメントセンターに、マイクロ化の傾向も出てきているのですが、さらに消費地近郊にマイクロフルフィルメントという小規模な拠点も出てきています。インターネットと同じ速度で回転することが要求されるネット通販物流では大規模物流センターからの直送よりも、消費地に近い拠点からのクイックなデリバリーが求められることが多くなってきました。それに対応した小規模な物流拠点が「マイクロフルフィルメントセンター」ということになるのです。

ただし、小規模拠点で多頻度小口の一定規模の出荷量を扱うとなると、従来型の物流センターの処理能力だけでは十分に対応できない可能性もあります。そこで最新テクノロジーを駆使したマテハン機器（物流関連機器）などを導入することでフルフィルメント業務の最適化を実現していきます。

マイクロ化されたフルフィルメント業務はサプライチェーンのデジタルプラットフォーム上で企画・開発、生産、流通などの各領域とAPIを介して結びつけられることになります。フルフィ

図3-4　ネット通販におけるデジタルプラットフォームの構築（例）

配送：主要宅配便企業によるデジタルプラットフォーム

- **ネット通販事業者：**配送ステータスの確認（貨物追跡システム）
- **消費者：**宅配便受取方法の選択が可能。置き配、建物内受付、コンビニ受け渡し、宅配便ボックス
- **セールスドライバー、配送パートナーなど：**不在状況、指定時間帯の確認

＋

保管・在庫管理：ネット通販事業者、3PL企業などによるデジタルプラットフォーム

フルフィルメントサービスのプラットフォーム化
クラウド型在庫管理システムの導入

- **ネット通販事業者：**フルフィルメント業務の効率化。受発注管理、出荷管理、在庫管理

ルメント業務を分散管理しても、クラウド上での情報共有が可能となることから、全体最適に支障の出るようなかたちの部分最適とはならないというわけです。

さらにいえば、工場についても、無人化が進めば、マイクロファクトリーが主流になり、大規模な労働力に頼るのではなく、完全自動化、無人化された設備で合理的かつ効率的な生産体制が取られるケースがこれまで以上に増えてくることになるでしょう。

サプライチェーンのデジタル化が進めば、それにあわせてマイクロ化のトレンドも色濃く出てくることになりそうです。

5 加速するクラウド上でのサプライチェーンプラットフォームの構築
——納期情報、在庫情報の共有で最適化を促進

複数企業での共有を必要とする納期情報や在庫情報をクラウド上で共有していくというスキームが相次いで誕生しています。

製造業では、垂直統合の象徴的システムともいえるＪＩＴ（ジャストインタイム）からＶＭＩ（ベンダー管理在庫）やジャストインケース（もしもに備えた物流）などへの移行とあわせてプラットフォーム化が進んでいます。ネット通販などの小売業では、クラウド型の在庫管理システムがネットワークを拡大して、プラットフォーム化を遂げています。

なお、ＶＭＩとは「顧客企業がベンダーと情報を共有することで、顧客企業の在庫補充の責任を持つ」という在庫管理システムで、さまざまな業界で導入されています。

製造業で進むVMI倉庫のプラットフォーム化

製造業から卸売業、小売業に至る販売物流については、物流・商流デジタルサプライチェーンの構築が進みつつあります。製造業間で行われる調達物流でもフィジカルプラットフォームの再編とそれにあわせたデジタルプラットフォームの構築の流れが出てきています。

サプライチェーンの川上を製造業と位置付けると、アセンブラー（組立メーカー）がサプライヤー（部品・素材メーカー）をまとめて系列化などを行い、ＪＩＴやミルクラン（巡回集荷）を実施するというのが基本的なパターンです。

しかし、近年はグローバル調達や部品などの標準化やモジュール化が進み、必ずしも系列の枠組みのなかだけで調達ネットワークが組まれているわけではありません。サプライヤーが複数のアセンブラーに部品・素材を供給するネットワークを構築する事例も増えています。

加えて、下請法の影響もあります。下請法の改正、強化により、親事業者は、発注後に見積りや支払い代金の修正、発注直後の納品や納品まもなくの返品、あるいは発注前の納品などができなくなっています。下請事業者の立場を守るための法整備であり、発注書を出さない口頭発注を控え、当日発注当日納品についても避けるようになってきています。

このような背景があり、アセンブラーがリードするかたちで行われるＪＩＴではなく、サプライヤーが納期順守を念頭に行うＶＭＩ倉庫を起点とした在庫管理が増えているようです。

図5のようにＶＭＩ倉庫を中核とし、ハード面のフィジカルプラットフォームとソフト面のデジタルプラットフォームの双方で最適化を進めていきます。サプライヤーとアセンブラーがＶＭＩ倉庫を起点に在庫情報、納期情報などを共有し、サプライヤーはＶＭＩ倉庫の在庫状況と納期を見定めて、生産計画を立て、タイムリーな補充体制を構築することになります。

ネット通販におけるクラウド型在庫管理システムのプラットフォーム化

ネット通販事業者数の右肩上がりの増加に伴い、クラウド型の在庫管理システムも普及してきています。リアルタイムで複数拠点の在庫データを一元管理でき、スマートフォンなどを活用したＩｏＴ検品を実現できるプラットフォームが構築されてきたといえるでしょう。受注データからの送り状や納品書の作成も可能となるサービスが提供されているシステムもあります。

図3-5　プラットフォームとしてのVMI倉庫

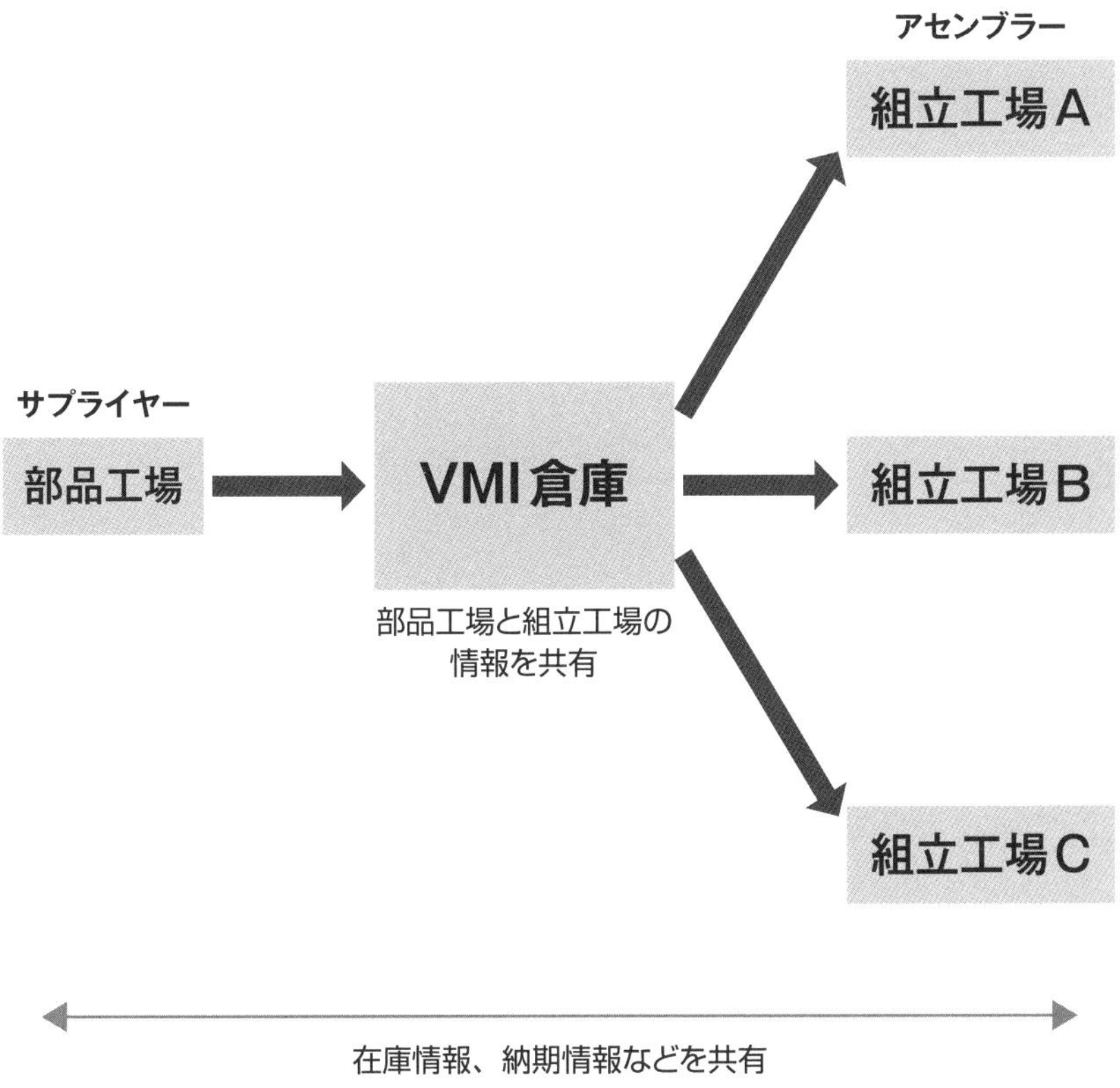

情報セキュリティの観点やマテハン機器との相性などをふまえると、自社サーバーを導入して管理するシステムがこれまで主流でしたが、ＤＸに向けての流れのなかで、クラウド型の在庫管理システムの導入が増えてきています。システム構築に時間がかからず、低コストで導入できることが魅力となっているのです。また、クラウド型には在庫情報をリアルタイムで共有できるというメリットもあります。

たとえば、クラウド型在庫システム大手のロジクラは、「３ＰＬパートナープログラム」により同社のユーザーの小売事業者を、連携する３ＰＬ企業に紹介するというプログラムを提供しています。在庫管理システムをプラットフォームとして関連事業に横展開しているのです。またヤマト運輸もフルフィルメントサービスで、在庫管理から梱包発送、そして宅急便との連携を行い、ネット通販事業者の物流効率化を支援しています。

クラウド型在庫管理システムの先には、プラットフォーム化するＷＭＳの未来図も見えてくるかもしれません。在庫管理システムがＤＸの流れのなかで庫内作業の進捗状況の管理などの機能を組み込んでいけば、やがてはＷＭＳとの融合が実現する可能性も出てくるわけです。

ただし、現場改善の立場からいえば、クラウド型とはいえ、ヤミクモなシステムの導入ではなく、手順を踏んだ導入を行う必要があることも忘れてはなりません。庫内レイアウトやオペレーションが標準化された現場改善を行うことが導入の大前提となるのです。

6 ロジスティクスDXソリューションを標準装備した物流センター
——予算や物流特性にあわせたDXツールの活用

物流情報システムの特殊性に注目

高度化するロジスティクスについて、「いかにデジタルシフトを推進し、業務効率を向上させていくか」を検討するにあたり、まずは従来型の物流情報システムの特性とその基本スキームを確認しておきましょう。

物流ＤＸを推進する場合にまず念頭に置きたいことは、物流情報の送り手と受け手が物理的に離れた場所にいる可能性が高いということです。受注情報は営業が窓口であっても、実際の出荷は物流センターでピッキング作業などを経て行われます。

情報は多企業間、多部署間で共有され、社内外の関連部門や発荷主、着荷主、３ＰＬ企業など多岐に渡ります。加えて、その情報を物流センターなどの現場作業者が端末機器などを用いて作業したり管理したりすることになります。また、受注から納品に至る一連のプロセスのなかで、発注日付、発注番号、納期、支払条件などのデータが更新されたり加えられたりしていくことにもなります。

ビッグデータ化する情報をリアルタイム処理する必要に迫られることもあります。しかもそのビッグデータには多くのピークロードが伴い、その対応を迅速に行い、予測を可能な限り正確に行うことも望まれます。したがって、物流情報の処理はまさにクラウド型のリアルタイム処理型のシステムの構築で効率化、高度化が可能となる典型的なケースともいえます。

受発注や出荷については、まず受注情報を登録するオーダーエントリーが行われ、注文を受け付けてデータをインプットしたうえで与信限度や割当枠などを確認し、在庫引当を行います。顧客ごとに価格が異なる場合などもあるので別決めの価格などを確認して決定し、発注登録を行います。

次に注文情報に基づいてピッキングリストが作成されます。ピッキングリストはシングルピッキングリスト（注文別に棚番号に沿って作成する）やトータルピッキングリスト（複数の出荷情報から商品点数をあわせて出力し、顧客先ごとに2次仕分けをする）に対応させて出力します。なお、近年はスマートフォンなどで確認できるかたちとして、ペーパーレスでピッキングリスト作業をするようになってきました。

出荷先別の仕分けが完了したら、発送指示に基づいてトラックに荷が積み込まれます。DXが行われていれば、出荷案内書、納品書、受領書などの物流伝票をドライバーが持参することなく、クラウド上のデータのみのやりとりで済ますことも可能になります。

納品完了についての報告もクラウド型のシステムなどを介して、出荷情報処理を行うケースやビジネスモデルも増えています。物流伝票をペーパーレスにすることで相当なコスト削減と効率化が可能になると考えられます。

物流DXに不可欠なITFコード

物流DXを進めるにあたり、コード管理は重要なポイントになります。

一般に物流管理も含む商品管理全般に使われるJANコード、物流作業向けに特化されている

ＩＴＦコード（物流商品コード用のバーコード）、急速に普及が進むスピード感のあるＱＲコード、ＲＦタグ（非接触タグ）、さらには画像認識システムなどが、物流情報の管理に使われます。予算、物流特性などに考慮しつつ、ケースバイケースでどのように商品管理を行っていくか、検品作業などを効率化していくかということを検討し、「物流ＤＸを推進するためには何が何でもこのシステムを使わなければならない」という先入観を持つことなく、柔軟にＤＸツールとして活用していくことが好ましいといえます。

ＩＴＦコードは、主に段ボール箱などに印刷されて使われます。物流業務には店舗のレジなどでも読み取られるＪＡＮコードなども使われますが、ＩＴＦコードを用いることでさらに効率が上がることがあります。

また、ＩＴＦコードを段ボール箱などに印刷することで、「開梱して検品する」という作業の手間を省略することが可能になります。同一商品であっても段ボール箱などのケースに入っている場合と汚れ防止目的の透明フィルムなどで覆うシュリンク包装が施されている場合など、荷姿が異なることがありますが、ＩＴＦコードを用いることで区別が可能になります。生鮮食品のようにその都度重量が異なる計量商品や大型家電の場合は段ボール箱内の物品全体を一つの商品と認識する集合包装などにも対応できます。ＩＴＦコードを用いることで開梱、検品にかかる作業時間を短縮できます。また、仕分け、棚卸・在庫管理などにＩＴＦコードが活用されることもあります。

ＪＡＮコードは事業者登録を行い、商品ごとにコードを割り当てる必要がありますが、ＩＴＦコードの場合は、包装形態にあわせて企業責任でコードを設定します。一般にＪＡＮコードのチェックデジット（検査用の数字）を除いた12桁の先頭にインジケーター1桁とコード末尾に再計算のよる新チェックデジット1桁を加えたものになります。なお、16桁のＩＴＦコードは現在、使用できません。ＪＡＮコードやＩＴＦコードなどの桁数は14桁に統一されています。

近年のトレンドはＲＦタグに移りつつあり、さらに画像認識システムの実用も本格化しつつありますが、ＪＡＮコード、ＩＴＦコードも当面は物流現場で使われることになります。現場作業のデジタルシフトを推進するうえで、予算や物流特性にあわせてＪＡＮコード、ＩＴＦコード、ＲＦタグ、画像認識システムなどを効果的かつ重層的に活用していくことが求められてくることでしょう。

図3-6　受注・出荷から納品完了までの物流情報の流れ（例）

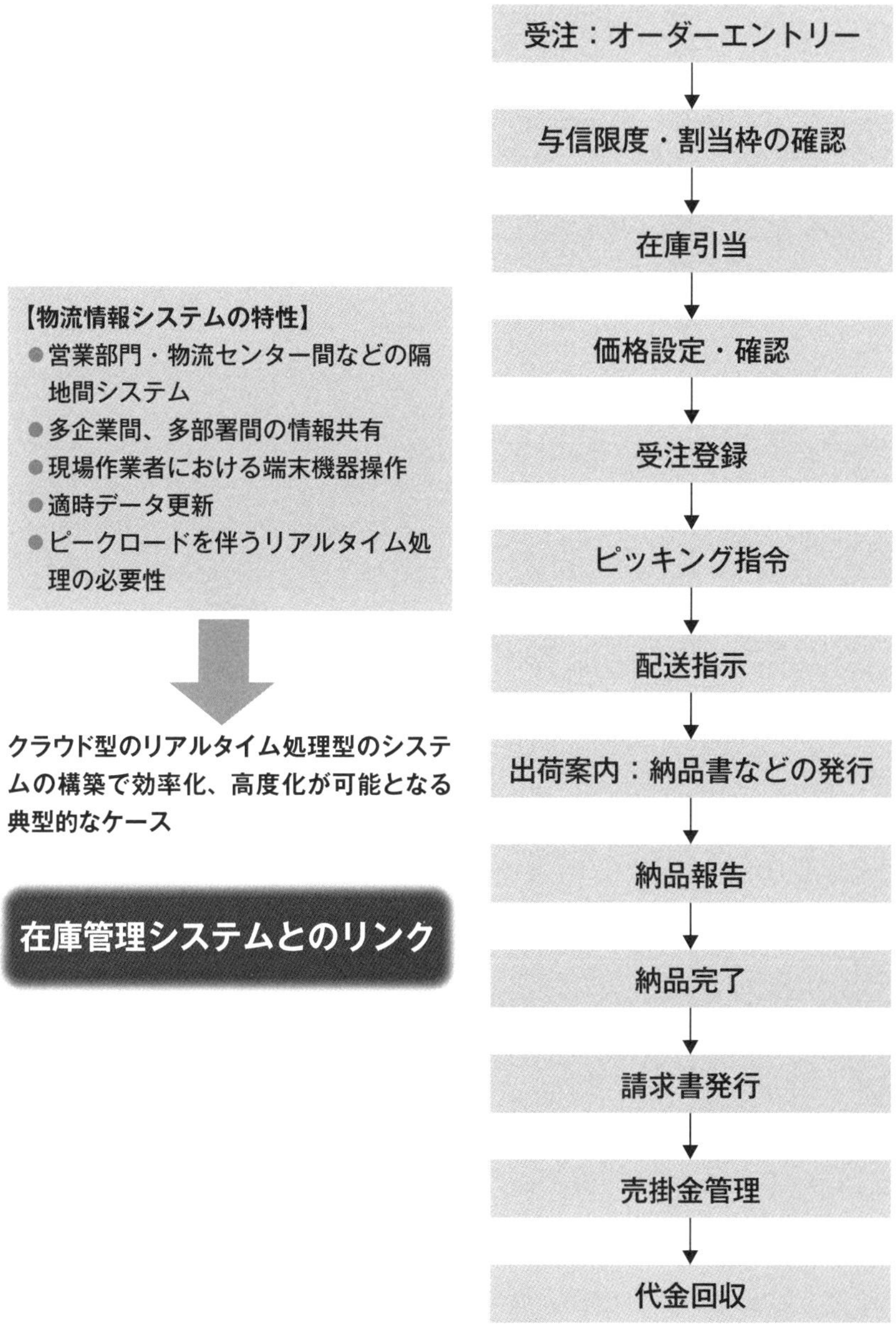
受注：オーダーエントリー
与信限度・割当枠の確認
在庫引当
価格設定・確認
受注登録
ピッキング指令
配送指示
出荷案内：納品書などの発行
納品報告
納品完了
請求書発行
売掛金管理
代金回収
【物流情報システムの特性】
●営業部門・物流センター間などの隔地間システム
●多企業間、多部署間の情報共有
●現場作業者における端末機器操作
●適時データ更新
●ピークロードを伴うリアルタイム処理の必要性
クラウド型のリアルタイム処理型のシステムの構築で効率化、高度化が可能となる典型的なケース
在庫管理システムとのリンク

7 DX導入の下地としての返品・リコールのプロセスの確認
――返品・リコール処理のデジタルシフトを推進

増加する返品対応

ネット通販市場の拡大で返品を求める消費者の声が大きくなり、返品に対するプラットフォームの構築も重要なテーマとなってきています。

返品は、消費者の都合による返品とネット通販事業者側の都合による返品に二分できます。

(1)消費者の都合による返品

消費者がＥＣサイトから商品を購入した際、「自分の考えていた商品とは異なる」などを理由に「返品したい」と考えた場合、返品したい旨をメールなどで連絡してくることになります。

ＥＣサイト側は購入者がどの商品を注文したかを確認します。商品確認に問題がなければ、返送を受け付けることになります。カスタマーサービスの視点から返品の送料をＥＣ事業者側が負担するケースも増えています。また、商品購入の代金などの支払いがすでに済んでいれば返金方法を確認することになります。

(2)ネット通販事業者の都合による返品

購入者から「購入した商品と異なる商品が届いた」「サイト上の写真と実物が異なっている」「商品に破損、汚損などがある」「商品サイズ、寸法が思っていたのとは異なった」など発送側に不手際のある指摘があった場合、事実確認を行ったうえで、丁寧に謝罪しなければなりません。

返品プロセスの確認

特定商取引法・割賦販売法の改正により、商品の返品については返品特約の有無やその内容についてわかりやすく表示することが義務化されています。通信販売の広告に返品特約がない場合でも8日以内であれば返品も可能となっています。返品処理の一連のプロセスは次のようになります。

(1)返品の受付

返品の受付は簡単に思えますが、実は意外と難しく、対応を間違えると返品の大幅な遅れにつながります。迅速かつ正確に処理したいところです。このためにも、「返品するときはどこに連絡してどうやって返送するのか」といった疑問を事前に解決しておく必要があります。商品の発送時に「返品連絡票」を入れたり、返送先や返品IDを記載した専用ラベルをマイページなどからダウンロードしたりできるようにすると購入者も安心できます。

(2)商品の返送・交換

返送・交換にあたって購入者が気にするのは、「返送費用はかかるのか」「商品の交換は迅速に行われるのか」といったことになります。

破損、汚損などがある商品や誤配送などの場合はEC事業者が返送料を負担することが多くなっているようです。その場合、たとえば返送先住所と返品ＩＤの記載されている着払い伝票を使ってもらうようにすれば、誤返送を回避できますし、返品の確認を迅速に行うことも可能になり、コスト削減にもつながります。商品を交換する場合には、在庫ステイタスをはっきりさせたうえで、混乱や混同、勘違いが生じないように迅速に別便で配送することもあります。

⑶返金

返金についてはクレジット会社経由で商品購入と同額が請求書から引かれるかたちで相殺されるマイナス処理が行われることも少なくありません。購入者の諸情報や返品ＩＤと紐付けするかたちでマイページなどを通じて、「いつまでに返金できるか」などの返金状況の見える化を行っておくとよいでしょう。返金が遅れてしまうケース、事情などについては、ＥＣサイト上でわかりやすく説明するようにします。

求められるリコール・自主回収へのＤＸ対応

返品に対しては、それを認めることである程度ビジネスモデルを確立できますが、「期せずして不良品などを販売してしまった」という場合には、自主回収、あるいはリコールを行う事態も十分に想定されます。リコールまたは自主回収における手順、プロセスも確認しておきましょう。

リコール・回収する製品が壊れやすかったり、保管、運搬に手間がかかったりするような場合は、販売店向けに製品の品質管理、保管や運搬に関するマニュアルなどを作成しておく必要があります。販売店でリコールなどに該当する部品のみを修理・交換すればよい場合は、販売店のスタッフ向けの修理・交換マニュアルをデジタルデータで用意しておくとよいでしょう。

(1) 廃棄処分の場合

廃棄処分とする場合のプロセスは、最終消費者から当該製品を回収し、メーカーの工場などに移送、または廃棄処分というかたちになります。リコールがかかった製品は、販売店や営業所などに併設された回収センターで回収、または消費者から集荷します。なお、メーカーに直接戻される場合もあります。

(2) 修理・交換の場合

消費者から回収した後に修理・交換を行うケースも想定されます。

まず、最終消費者から製品を回収し、メーカーなどの直営工場やメーカーの契約工場などに移送して修理・交換を行います。修理・交換が完了したら最終消費者に返却するために再出荷します。

なお、部品自体の修理・交換が必要な場合は、販売店や営業所などに併設された回収センターで回収するか、消費者から集荷後にサプライヤーの工場で修理を行い、メーカーの工場で製品に再度組み込むことになります。

こうした流れとあわせて、消費者への返金についても考えておく必要があります。多くの場合、メーカーから最終消費者へ返金が行われ、必要に応じてメーカーによる賠償請求支払いが行われることになります。

最終消費者に何らかの補償金が必要な場合は、原則としてメーカーから支払われますが、損害賠償などは裁判などを経て最終消費者に支払われることになります。

第4章

物流トレンドから見るデジタル化の条件

1 物流業界の働き方改革に活用されるデジタルシフト
――輸送スキームの組み換えで効率化を実現

深刻化するトラックドライバー不足への対応

少子高齢化によるトラックドライバー不足は深刻な問題となりつつあります。また働き方改革関連法の施行により、トラックドライバーの労働環境のホワイト化も推進されることになりました。そして輸送スキームを組み換えることで効率化を推進する取り組みに注目が集まっています。

(1)中継輸送

中継輸送とは、複数のトラック運転者が長距離輸送をリレー形式で担当する輸送方式です。2日以上の勤務が必要となる長距離輸送を分担することで短距離の日帰り勤務として対応し、高齢者や女性をトラック運転者として負担なく活用できる中継輸送が解決策となることが考えられます。

たとえば、トラック運転者ごとに発荷地からトレーラー交換、あるいは積み荷を行う中継拠点までのルートを一つの個別輸送活動としてとらえ、従来はトラック運転者1名で行っていた長距離輸送を複数の運転者で行い、あわせて帰り荷確保にも配慮した輸送効率向上を目指します。

東京・広島間を1日1往復するトラック運送会社A社のトラック運転者が東京を出発し、広島に荷を運び、さらに広島で帰り荷を積んで東京に戻る場合、「自動車運転者の労働時間等の改善のための基準」(改善基準告示)などによる制約が生じます。そこで長距離運送にかかるトラック運転者の負担の軽減を目的とし、東京・名古屋、名古屋・大阪、大阪・広島に3分割して、それぞれの地域の運送会社B社、C社との連携による中継輸送の導入を図ることでトラックドライバーの働き方改革の実現が可能になります。

中継輸送を導入することで、長距離輸送は運転者が持ち回りで行うことになり、負担は軽減され、ドライバーの労働時間も短縮することができます。中継輸送は、少子高齢化時代のドライバー不足や長時間労働の削減という問題に対して相当の効果を上げることが期待できるのです。もちろん中継輸送についてもデジタル管理を行うことでさらなる効率化を見込むことができます。

(2) モーダルシフト輸送

モーダルシフト輸送とは複数の輸送機関を利用して行われる貨物輸送モードのことで、トラックと船舶、あるいは鉄道との組み合わせを指します。トラックよりも鉄道、船舶などのCO_2排出量が少ないことに着目し、トラック輸送の一部を鉄道、船舶などに切り替えるのです。

日本国内の物流網はトラック輸送を前提に構築されてきました。トラック輸送は面的な輸送に柔軟に対応できるという利点を持っていて、物流拠点や店舗などへのアクセス性に優れています。宅配便などのラストワンマイルの輸送にも欠かせません。現在の輸送体系からトラックを完全に排除することは不可能です。

そこでトラック輸送のすべてではなく一部を鉄道、船舶などに切り替えることでCO_2排出量を大幅に削減するというのがモーダルシフト導入の主たる目的でした。トラックから鉄道や船舶にシフトした場合、あるいはトータル輸送距離が長くなる場合、そのコストメリットを享受するには３００〜５００キロメートルの輸送が一つの目安となるとされてきました。さらにいえば多くの成功事例では５００キロメートル以上の輸送距離について、トラック輸送から鉄道・船舶へのシフトが行われているのです。また、鉄道輸送、海上輸送にあわせた大ロット化、ユニットロードシステムの導入なども行われています。

駅・港湾・空港などでの接続の関係で所要時間が長くなる恐れやダイヤなどの影響で必要なときに利用できないこともあり、急なスケジュール変更や応急措置ができないために緊急の出荷などには間に合わないというケースが発生するリスクもあります。

ところがここにきてモーダルシフト輸送に対する考え方が少し変わってきました。モーダルシフト輸送は基本的には環境負荷の低減を目的に導入されているのですが、近年はドライバー不足対策としても注目を集めています。船舶や鉄道を活用することで大ロットの輸送が可能になるわけですが、これは同時にトラックドライバー数を減らしても十分な輸送力を維持できるということを意味します。つまりモーダルシフト輸送は環境にやさしい物流を実現できるのと同時にトラックドライバーの負担を減らすホワイト物流にも大きく貢献することが明らかになってきたのです。

さらにいえば同じような視点から、トラックにロジスティクスドローンを組み合わせたハイブリッド輸送もモーダルシフト輸送の派生モードとして注目され始めました。モーダルシフト輸送やドローン配送についてもＴＭＳとのリンクでルート最適化を図り、貨物追跡システムなどのデジタルプラットフォームにＡＰＩでアクセスできるかたちで活用することでより大きな効果を上げることが可能になるのです。

図4-1　トラックドライバー不足に対応した輸送スキームの組み換え

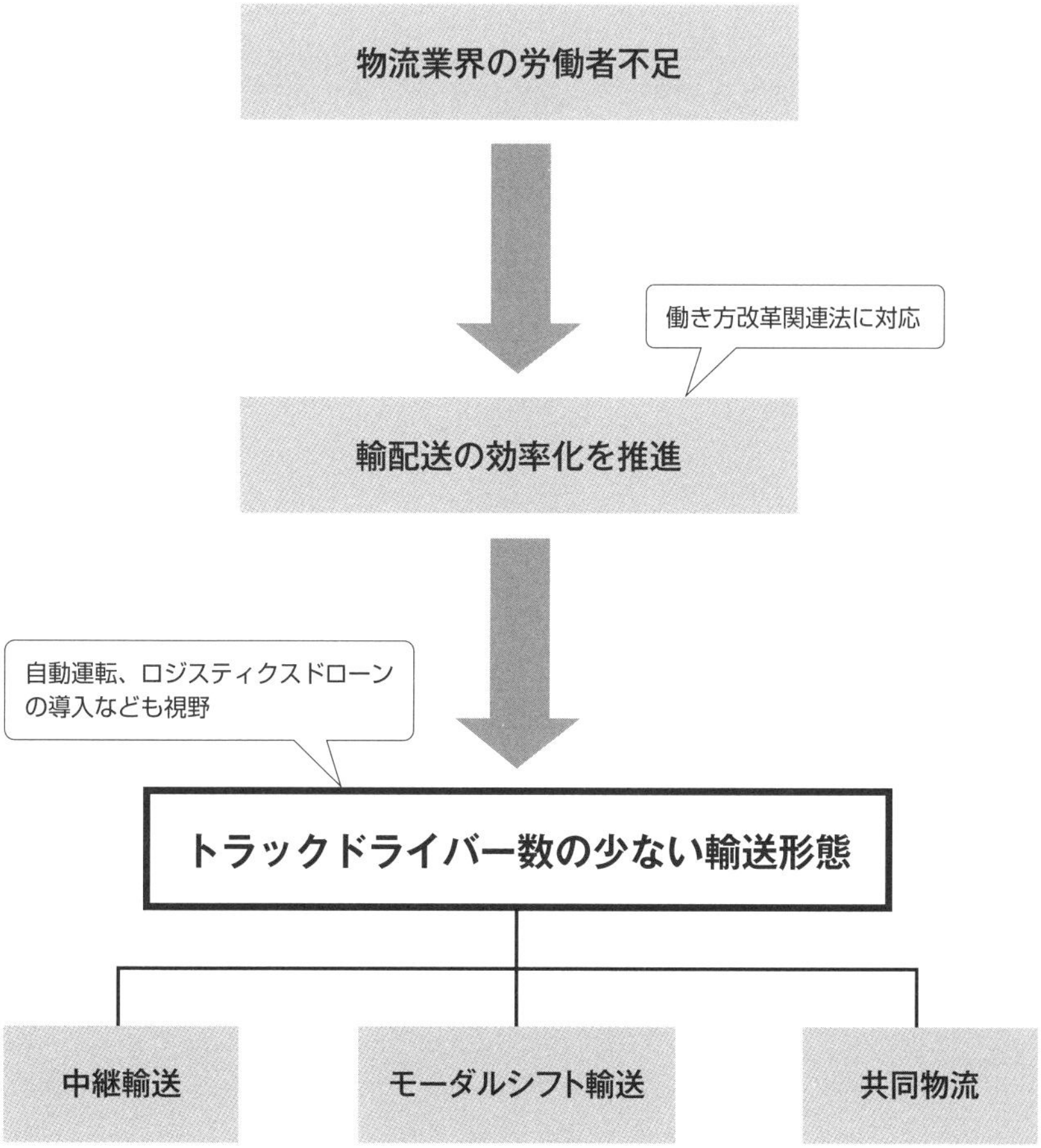

(3) 共同物流

工場単位で物流センターや店舗、営業所などに納品するのではなく、複数の工場、複数の製造業が共同で物流センターを運営し、在庫拠点を共有しつつ、共同の納品体制を構築するのが共同物流です。日用品業界での取り組みが先駆的な事例として有名で、「競争は店頭で、物流は共同で」というスローガンのもとに推進され、大幅なコスト削減に成功しました。同時に納品車両数などの低減も実現し、CO_2排出量の削減など、環境負荷の低減にも効果があることが知られるようになりました。車両数を減らすことから、トラックドライバー不足にも効果があるという評価が加わり、中継輸送、モーダルシフト輸送とともに、少子高齢化時代の有力なソリューションとしても注目されています。

なお、トラック、鉄道、船舶などの自動運転を組み込んだ中継輸送、モーダルシフト輸送、共同物流に、パレットやコンテナのサイズの基本モジュールを標準化して荷姿を統一した「フィジカルインターネット構想」も検討されています。輸送ネットワークを共通の基盤で行っていくことでトラックドライバー不足に対応していくという発想です。もちろん、デジタルプラットフォームなどのＤＸ武装が不可欠であることはいうまでもありません。

2 ラストワンマイル対策としてのDXのスモールスタート
——物流現場のムダ、ムラ、ムリを解消

ネット通販市場の拡大などで小口配送は増加する傾向にあります。したがって、トラックドライバーはラストワンマイルでも相当に不足している状況です。さらにいえばトラックドライバーに限らず、物流センター業務における作業者不足も深刻な問題となってきています。

(1)不在再配達対策

近年、非対面が奨励され、置き配により再配達率が改善されました。

再配達が多ければラストワンマイルのドライバーが人手不足になるリスクも高まります。置き配が初期設定されることが多くなり、それにより再配達率は改善されましたが、ネット通販市場は拡大を続けており、今後、在宅率が下がれば、再配達率が上昇に転じる可能性が相当にあります。また、置き配については盗難リスクがつきまとうことや、マンションなどの廊下に荷物が置かれ続けることが消防法の観点から懸念されるケースも出てきています。

不在再配達回避対策として有力視されているのが、店舗（コンビニ）受取、宅配ボックス、宅配ロッカーです。いずれの活用も対面での受け渡しから初期設定を変更するなど、ＳＮＳなどのデジタルプラットフォームへのリンクや貨物追跡情報システムなどとのリンクが必要になります。宅配便各社はすでにデジタルプラットフォームを構築していますが、今後、参入が予想される地域限定型のラストワンマイル配送のスタートアップ企業なども宅配ロッカーの位置情報や使用状

況を可視化できるデジタルプラットフォームの構築に乗り出すことになるでしょう。再配達率の低下を実現するにあたって、情報システムとのリンクは必要不可欠です。

(2) 庫内作業の自動化の推進

物流センターの庫内作業についても労働力不足は深刻化しています。多くの企業にとって、作業プロセス全体を一挙に完全自動化することはコスト面、オペレーション面からも容易ではないので、部分的に自動化を取り入れつつ、時間をかけて完全自動化に導くことになるでしょう。

庫内運搬

物流センター内では、手運搬に加え、台車による運搬、カゴ台車による運搬、さらにはハンドリフトやフォークリフトによる運搬が行われます。これらの庫内運搬作業も人手不足から可能な限りの省人化、無人化が求められるようになってきました。台車などの代わりとしてはAGV（無人搬送車）が、ハンドリフトやフォークリフトの代わりとしては無人搬送フォークリフト（AGF）の導入が進められています。とくに大規模な物流センターでは庫内運搬の無人化への流れがより一層、大きくなっていくのは間違いありません。

荷捌き・積み込み・積み卸し

納品先などでのトラックからの荷卸しは物流現場の作業として大きな負担となることが少なくありません。これまでは基本的に荷卸しは人力で行われてきました。しかし、これらの現場では人手不足が深刻化しています。これまで従事してきた熟練作業者も高齢化してきています。対策としてさらなる機械化、自動化が不可欠な状況です。

積み込み、積み卸しについては、パレット単位で行い、手荷役を可能な限りなくしていくことが求められています。無人搬送フォークリフト、パレタイザーなどの導入などを推進していく必要があります。加えて、段ボール箱のサイズがバラバラでパレタイズ（パレット積み付け）がうまくいかないといったことがないように、ＡＩが段ボール箱の形状などから積み付けパターンを指示できるようにするなどのプログラミング上の工夫も行われるようになってきました。

検品

検品作業は集中力を要求されますが、疲労度の大きな作業といえます。慣れや疲れでポカミスが発生することもあります。目視検品からバーコード検品に切り替えることで作業負担を軽減することが可能になり、精度も上がります。

さらにスマートフォンの専用アプリケーションを用いた検品システムも活用されています。スマートフォンをバーコードにかざし、検品を行うのです。バーコードを読み取り、紐付けたデータをＷＭＳに投入することにより、検品結果をシステムに連動することが可能となります。バーコード検品ではなく、ＲＦタグを活用したシステムや画像認識システムとのリンクで検品レスを実現する物流テクノロジーも注目を集めています。

ピッキング

ピッキング作業において熟練者と初心者の大きな相違点は歩行時間と荷探し時間といわれています。商品の棚出しなどが熟練度によって大きな差がつくことは少ないと考えられますが、熟練者の場合、「どこにどのような品物があるのか」という庫内の保管ロケーションを熟知していることが多く、それが作業時間の差となっています。しかし、ピッキングについても熟練作業者の高齢化と若手の人材不足は否めず、機械化、自動化への流れは止められません。

ただし、DPS（デジタルピッキングシステム）などの導入は大規模な物流センターには適しているものの、小回りを必要とする小口のピッキング作業には対応できないこともあります。そこで、多くの物流センターで導入が検討されているのが、AMR（自律移動ロボット）です。クラウドネイティブのロボティクスを基盤としたシステムの導入によるプラットフォームからロボットに指示が出されます。ロボティクスプラットフォームは既存業務や外部システムとシームレスにつながっていて、AMRの動きは可視化、データ化されます。

現場の規模やオペレーションのレベルなどにもよりますが、AMRになにもかもを任せるのではなく、まずは少数から導入して、作業者を補完するかたちで活用し、必要に応じて導入数を増やしていくのが一般的といえるでしょう。

図4-2　自動化・無人化に対応したフルフィルメント

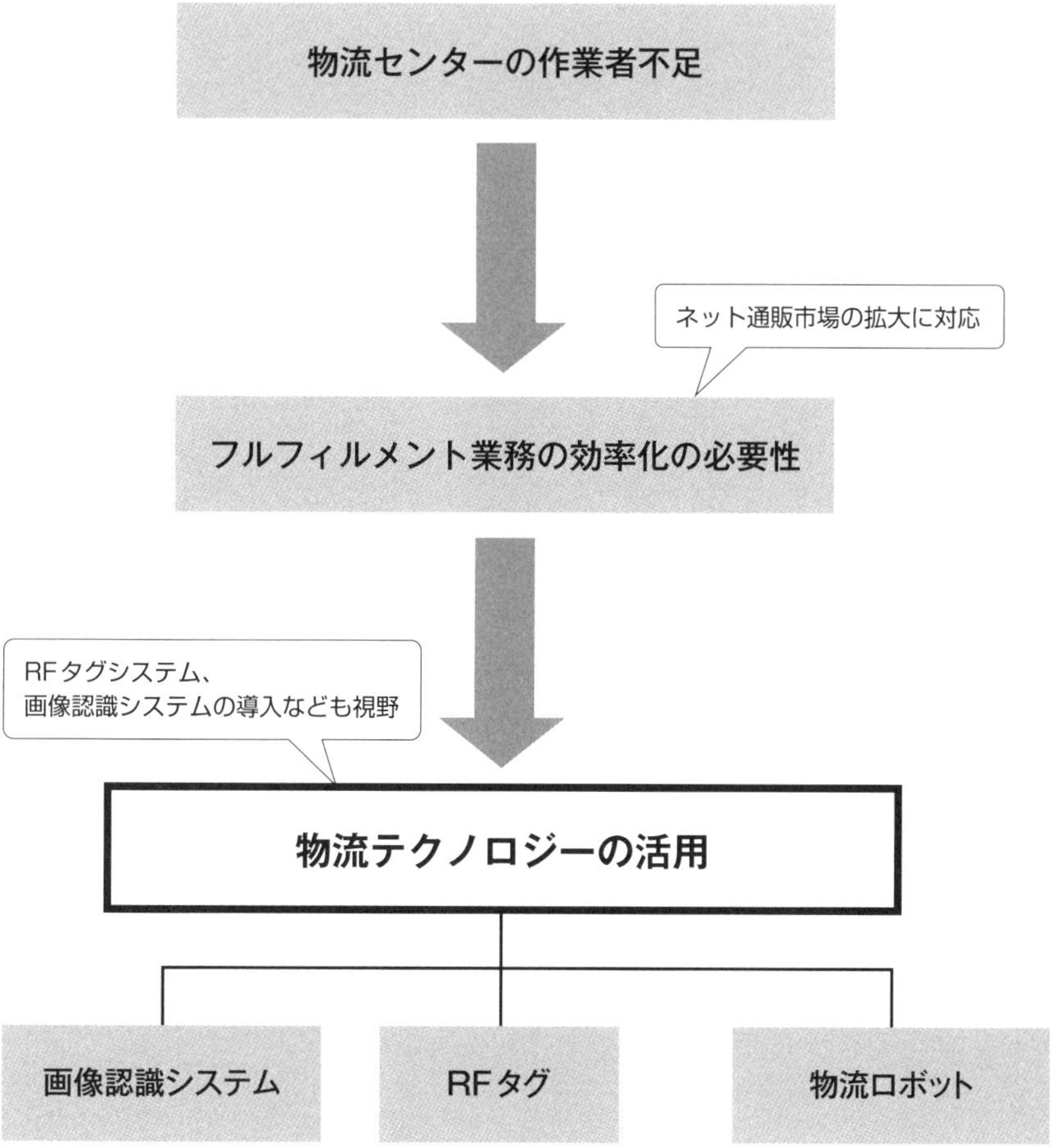

3 物流現場における最適化
――マテハン機器をデジタル環境に紐付け

物流現場の非効率な作業、環境を改善するために、マテハン機器を導入し、デジタル化を推進していくことが望ましいと考えられます。すなわち、物流現場の標準化、平準化を十分に行ったうえで、マテハン機器を導入し、物流現場における手作業を解消していくのです。これら一連のプロセス管理を「物流現場における最適化」と位置付け、説明していきます。

仕分けロボット

仕分け作業を手作業で行う場合、作業負担が大きくなるケースが少なくありません。人手不足もあり、機械化、自動化を推進する必要があることが指摘されています。ただし、DAS（自動仕分け機）などの導入では大ロットの仕分けには対応していても、小ロットの仕分けには対応できないことが多く、これまでは手仕分けを余儀なくされることも多いというのが現状でした。そこで、注目されているのがアーム式の仕分けロボットです。ただし、アーム式仕分けロボットの機能は仕分け作業に限定されるので、仕分けした物品の運搬についてはAGVなどを活用していく必要があります。

自動倉庫

近年はマルチシャトル式の需要が増しています。マルチシャトルではピッキングした物品をまず任意のロケーションに一時保管したうえで、適時、作業者の手元にタイムリーに搬送します。保管機能と搬送機能を併せ持つ自動倉庫です。また、多頻度小口の出荷に対応したロボットストレージシステムの導入も増えています。格子状のグリッド上に専用コンテナを搬送させるしくみで、入出庫作業を自動化します。

冷凍冷蔵倉庫

完全自動化や無人化の視点が重視され、ＡＧＶなどが導入され、庫内作業から人手を省き作業時間や作業量のバラつきを解消していきます。

これまでは冷凍倉庫では結露や靄《もや》などがフォークリフトの走行の障壁となることが少なくありませんでした。そこでフォークリフトにヒーターを内蔵させることや、冷凍環境対応部品、センサーなどの開発・投入が行われています。

ＲＰＡの導入

物流センターにおける発注書のメール送信や運用システムへの登録は時間がかかる事務作業ですが、ＲＰＡを導入することによって、自動化を推進することが可能になります。

物流センターでは受発注データをもとに注文書、ピッキングリストを印刷し、そのリストをもとにピッキング作業を行い、そのうえで出荷案内書を発行し、商品と照合、さらには送り状を発行するといった一連の事務作業が行われています。このプロセスにＲＰＡを導入することで業務効率化が可能になるのです。

また、荷主側の販売管理システムなどと物流センター側のＷＭＳ（倉庫管理システム）とでＷｅｂ-ＥＤＩなどを介して指示や実績データなどを交換する際にもＲＰＡの導入で効率化が可能になります。入出荷の日時・スケジュール、問い合わせ番号、該当する運送会社などを荷主側の受注管理システムなどにアップロードする作業に活用できるのです。出荷実績や在庫情報などのバックアップの作成もＲＰＡを導入すれば省人化が可能になります。

24時間体制で夜間にデータ処理を行っているといったケースでは、人手不足などがあり、夜間スタッフを昼間業務に割り当てる必要が出てきます。注文データに基づいての出荷依頼の取り込み処理や帳票印刷、出荷準備作業といった一連の流れをＲＰＡに任せれば夜間スタッフを昼間業務にシフト変更できるのです。夜間スタッフをＲＰＡに置き換え、人員配置を刷新することで20～30％以上のランニングコストの削減も可能になると考えられています。

作業者管理・ロケーション管理

アルバイト、パートの作業者のシフトは、人数が多くなればなるほどそれぞれの勤務時間などの都合を配慮して作成しなければならなくなり、シフト作成担当者は多くの時間を割くことになります。労働力が多様化し、高齢者、女性、外国人などの人材が土日・祝祭日や短時間勤務、あるいはイレギュラーな勤務時間でシフトに入ることを希望するケースも増えています。そこで手作業ではなく、ＡＩを活用したシフト作成などに期待が寄せられます。

図4-3　DXによる部分最適化の実現

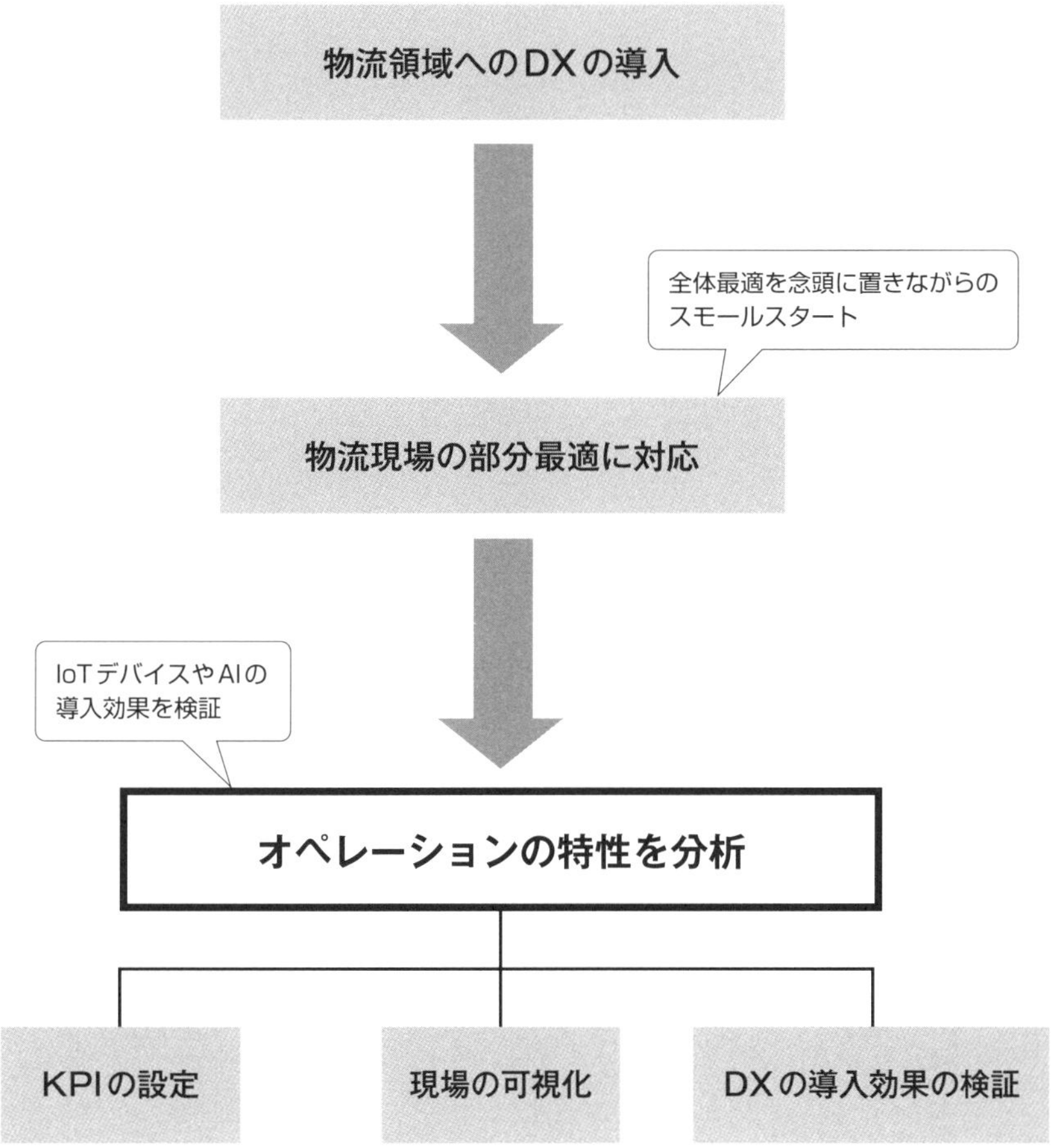

隊列走行によるトラック稼働率・実車率・配送効率の向上

トラックの自動運転への流れはますます加速しつつありますが、十分に安全な環境で走行するにはもう少し時間がかかりそうです。そこで注目されているのが後続車を無人とした隊列走行です。先頭車両のみ有人で後続車は無人というかたちで後続の複数車両をリンクします。ただしハード面のみならず、運行アルゴリズムなど、ソフト面の充実も不可欠です。安全性の高い自動運転技術が確立されれば、トラックによる交通事故が大きく減少することが期待できます。中継輸送やモーダルシフト輸送と組み合わせることでさらに大きな効果が見込めます。また、積載率、トラック稼働率、実車率などのＫＰＩ（重要業績評価指標）管理も行われるようになってきました。

4 ロジスティクス戦略における情報武装の進展
——物流コンペの実施で業務を委託

3PLの導入による物流DXの推進

3PL（サードパーティロジスティクス）は、「荷主に対して物流改革を提案し、包括して物流業務を受託する業務」と定義されています。

ロジスティクスの高度化、情報武装化に伴い、3PL事業者にアウトソースする事例は増加の一途をたどっています。なお、3PLの導入にあたっては運営について、荷主と物流事業者が定期会議を開催し、現状分析、物流改善の進捗状況のチェックなどを行います。

3PLの導入に際しては、物流コンペが行われることも少なくありません。物流コンペとは、荷主企業が複数の3PL企業からの提案を受けたうえで物流業務・戦略を委託するというものです。

3PL企業を選定する場合、エリアごとに選考するパターンと包括的に複数エリアまたは全エリアの物流業務を委託するパターンの2通りが考えられます。エリアごとに選考するパターンでは、特定の物流センターの運営や配送ネットワークの委託をするケースが多くなります。

それに対して複数エリアの委託を行う場合には、物流拠点自体を見直すことになります。たとえば、複数の物流センターを集約したり、配送ネットワークのコンセプト自体を刷新したりすることで物流コスト削減を視野に入れるケースなどがあります。

業際化への対応

タクシーが貨物を運ぶなどの「貨客混載」や飲食店がフードデリバリー型のダークレストラン、あるいはダークキッチンに形態を変えるなど、物流をビジネスに融合させる業際化が進んでいます。小売業や卸売業などのビジネスモデル自体も変化、融合が進み、それに3PL企業が加わっていくという傾向も出てきています。

たとえばドラッグストアは、調剤薬局やコンビニの機能を組み込みつつあります。ウエルシアホールディングスは日用品、医薬品、化粧品に加え、酒類専用の物流センターを増設するなど、ロジスティクスを業際的に展開しています。3PL企業は、これまでの強みを伸ばすだけの戦略では新規荷主の獲得や既存荷主の事業拡大のキャッチアップが難しくなりつつあり、業務提携やM&Aでグループ傘下に複数の3PL企業を組み込むLLP（リードロジスティクスプロバイダー）への脱皮を進めています。

一方、物流高度化、効率化の流れのなかで、荷主企業は3PL企業に対して緻密な物流を要求する傾向が強まってきています。物流DXとのリンクからこれまで以上に専門性の高い高度なソリューションの提供が求められています。荷主企業が物流を企業経営の中核として位置付け、現代的な物流センターの建設・運営や最先端のマテハン機器の導入に力を入れる傾向が強まっているともいえます。

「こうしたら現状をよりよく改善できる」という勘と経験のみに立脚した提案ではなく、荷主企業の現状を細かく聞き取り、現場データを分析し、その結果から課題を抽出し、それまでの実績をふまえた解決の方向性を提案する力が求められています。

もちろん、３ＰＬ企業の提案はＩｏＴやＤＸの導入を前提としたものが増えています。荷主企業の特殊事情や物流特性をふまえた物流テクノロジーの活用や現場改善の手法のもとにいかにロジックを組み立て、プレゼンテーションできるかということが重要になっています。物流拠点の選択、具体的な運営ノウハウの提供、情報システム会社との連携のうえでのＤＸの導入や物流支援情報システムの設計と構築を請け負うことになります。物流ＤＸをベースにした現場改善の遂行能力が問われる時代となってきているのです。

荷主企業の物流内製化

近年の物流業界の労働力不足を受けて、自社物流の内製化に力を入れる企業も出てきています。アマゾンも物流内製化を進めています。

コロナ禍中に米国西海岸の港湾物流はコンテナ不足などで混乱しましたが、米国アマゾンは貨物船をチャーターするなどの自社物流を展開し、貨物輸送におけるダメージを最小限に抑えました。アマゾンジャパンもラストワンマイルの拠点を独自に整備し、「デリバリーステーション」を開設しています。ラストワンマイルに至るまでのフルフィルメントセンターについても自社運営を行っています。

ビックカメラもトラック運送会社を子会社化し、家電設置工事や納品などの内製化を進めています。

ただし物流内製化のコストメリットが発揮されないケースもあります。実際、３ＰＬが発達したのは、「物流コスト削減を徹底せよ」という企業ミッションを実現するためでした。しかしながら、ここにきて3PLによる荷主企業のマイナス面を指摘する声も出てきているのです。

資金力、キャッシュフローに余裕のある勝ち組企業にとっては、3PLを推進しても「競合他社との差別化を図れない」という結論に行きつくこともあるようです。物流業界の慢性的な労働力不足に対応するために、アウトソーシングに頼らず、自ら労働力を確保するという戦略が評価されているといえるかもしれません。

また、近年、業界で指摘されているのが「荷主企業の物流力の低下」です。3PLが発達する以前は、荷主企業が物流システム構築の中心となり、荷主企業の考える戦略や方針に沿ったやり方を物流事業者がフォローするというのが一般的でした。それが3PLの普及にあわせて、荷主企業は自社でノウハウを保持せず、物流企業に任せきりになってしまう傾向が強まりました。

それゆえ、「コスト高になっても物流は自社で内製化することで、競争優位を獲得できるのではないか」と考える企業が増えてきたのです。したがって、アマゾン型の物流内製化が広がっていく可能性も相当にあると考えられるのです。

図4-4　3PLで進む業際化と専門化

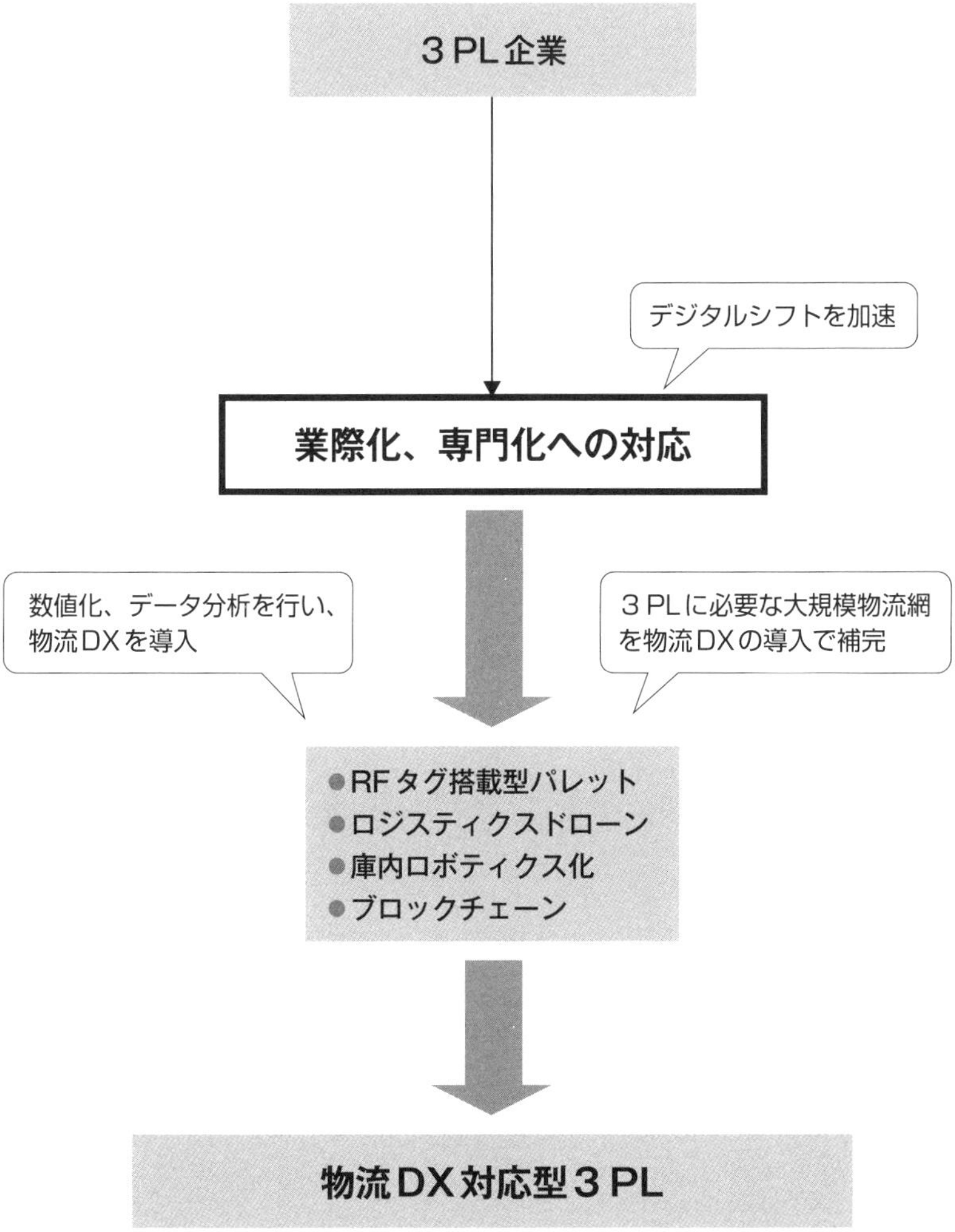

5 ロジスティクス戦略における環境武装とＤＸ
――進められるリバースロジスティクスの強化

注目されるグリーンサプライチェーンの展開

たんにサプライチェーンのグリーン化を図るだけでなく、あわせて戦略的にコストメリットを追求する姿勢が重視されています。

ＳＤＧｓなどとのからみから、包装のグリーン化や３Ｒ（リサイクル、リユース、リデュース）などにおいて、それらを推進するうえでの社会的なイメージアップが重視されることも少なくありませんが、コストの視点からのメリットも実現できればさらなる推進力が加わることは間違いないというわけです。

グリーンサプライチェーンの構築は、設計、調達、生産、流通、消費、廃棄、回収、リサイクルなどの各部門で環境武装を進めていくことになりますが、あわせてＤＸの導入も不可欠です。ＤＸの導入は、グリーンサプライチェーンとの相性や親和性がきわめて高く、ＤＸ武装が環境武装に直結する面も強いといえるでしょう。

ちなみにグリーンサプライチェーンの大枠は次のようになります。

調達段階では、環境を意識した「グリーン調達」を推進します。グリーン調達はリサイクルしやすい素材やムダな包装・梱包を回避する調達方針のもとに進められます。廃棄物が減れば在庫負担も軽減されるというメリットもあります。

次の生産段階では、「ゴミゼロ工場」を実現させます。ゴミゼロ工場では１００％の廃棄物のリサイクルを目指します。グリーンマネジメントを徹底して、工場からゴミを発生させないようにします。もちろんＤＸの導入が大前提です。

環境情報の共有化を図りつつ、輸送の段階でもアイドリングストップなどを遵守する「グリーンドライバー」の教育を行います。消費者も商品の回収や廃棄に関する情報をデジタルプラットフォームで共有する「グリーンコンシューマー」となります。消費者を起点とした収集運搬、リサイクル、リユースなども充実させることによって、グリーン化の徹底を図ります。ＲＦタグなどを活用し、トレーサビリティ（追跡可能性）を充実させる必要もあります。

これまではサプライチェーンの情報共有が廃棄、回収以下のプロセスを含まずに完結しがちで、回収、再使用の情報が調達部門や生産部門とは共有されないことも少なくありませんでした。けれども循環型システムを円滑に機能させるには、設計、調達の段階で回収、再使用などのリサイクル工程などの静脈部門の情報も網羅したデジタルプラットフォームの構築も不可欠です。

たとえば分解しやすい設計で耐久性の高い部品を組み入れれば、リサイクル、リユースの段階での手間が軽減されます。リサイクルに関する需要予測を商品開発に活用することも可能になるわけです。環境にやさしい設計コンセプトを導入しての「デザイン・フォー・グリーンサプライチェーン」が求められています。

静脈物流のデジタル武装の推進

廃棄物の収集運搬、中間処理などを中心とする領域は「静脈」（リバースチェーン）と呼ばれていますが、その重要性は近年大きく高まっています。

メーカーなどの排出事業者や各企業の担当者などには、静脈部門についてこれまで以上に幅広い知識が求められるようになりました。不法投棄などの防止を念頭に、違反者には重い排出事業者責任が課されるからです。企業にとって産業廃棄物を適正に処理していくことがきわめて重要な意味を持つ時代となってきたのです。産業廃棄物を適正処理していくプロセスや段取り、あるいは静脈物流システムの戦略的な構築についての詳しい知識が求められています。

循環型社会の構築にあたっては、枯渇性資源・エネルギーの可能な限りの有効利用と経済活動に伴う廃棄物などの排出量を極力減らしていくことが求められています。物質循環の視点から最終処分（焼却、埋立）を最小限に抑え、素材、部品、製品などそれぞれのレベルにおける3Rを増やしていきます。　長寿命化、高性能化、再利用を意識した設計、素材の活用なども効果的です。

企業活動についても「生産から販売に至る動脈産業と消費から廃棄、処理、リサイクルなどの静脈産業とをさまざまな意味で一体化させる」という考え方がビジネストレンドにもなってきました。静脈部門の綿密な情報ネットワークの構築は、これまで以上に重要になってくると考えられます。

実際、RFタグを活用しての不法投棄防止システムや静脈部門のトレーサビリティ（追跡可能性）システムなどの実用化も進み始めています。これまで動脈部門の情報化は急速な進展を見せてきましたが、静脈部門については「膨大な量の廃棄物の流れの情報ネットワークを構築することは容易ではない」といわれてきたのです。しかしこれからは、動脈部門と静脈部門の連動もふまえての緻密な情報ネットワークの構築が求められていくことになります。「再生資源化、再利用などを念頭にいかに戦略的かつ適正に廃棄物を処理していくか」が求められる時代となってい

図4-5　グリーンサプライチェーンの大枠（イメージ図）

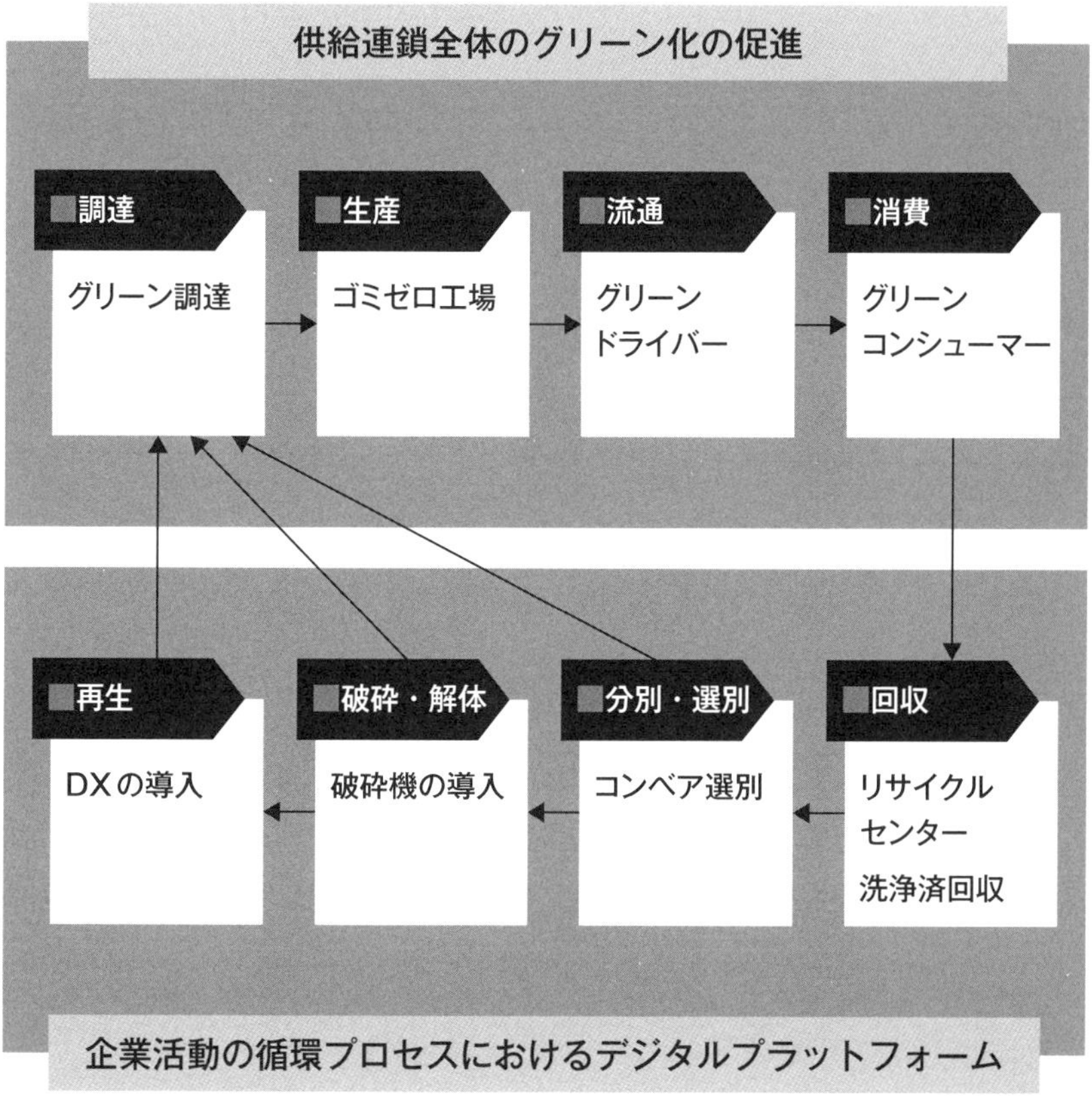

るのです。

たとえば、米国最大の廃棄物処理企業であるウェイスト・マネジメント社は、廃棄物の収集、運搬、リサイクル、再生、埋立エネルギー転換などをトータルで行っています。メーカーなどの排出事業者へのコンサルティング事業も行っています。自社でリサイクル工場、運搬拠点、収集設備、ゴミ発電装置、埋立処分場なども多数、保有しています。輸送ネットワークも強力で、自社トラックを有して物流内製化のもとにリバースロジスティクスの高度化も推進しています。廃棄物のエネルギー転換事業や廃水処理事業、発電所事業なども行い、静脈のあらゆる分野で事業展開を行っているといっても過言ではありません。

静脈物流ビジネスは、ＤＸ武装のさらなる充実により、これまで以上に緻密なビジネスモデルが出現する可能性もあります。

第5章

レガシーシステムから物流DXへ

1 老朽化したITシステムの刷新が課題
――レガシー化の生み出した「崖」の克服

物流情報システムの導入は2000年代以降、急速に増えましたが、DXが大きく進展することになった昨今では、「レガシー化」が懸念されるようになりました。物流情報システムにおけるレガシー化の現状をふまえて、課題と解決の方向性を解説します。

WMSの導入で庫内作業の進捗を可視化

WMS（倉庫管理システム）の主要機能には、入荷検品、入庫棚入れ、保管・在庫管理、ピッキング・出庫、梱包・出荷、クロスドッキング（即時積み替え・出荷方式）、流通加工管理などがあげられます。物流センターにおける入荷から出荷までの作業の進捗を可視化することで効率化するシステムです。

出荷指示データを物流センターのロケーション情報と連動させてハンディ端末などに表示することなども可能です。入荷検品、入庫棚入れ、ピッキング管理、クロスドッキング管理などの商品・物流センターなどの運営を効率的にサポートする機能（庫内作業支援機能）だけでなく、荷主サイドの視点からの入出荷管理、在庫状況、在庫管理の効率化などに役立つ機能（サプライチェーン支援機能）を備えることもあります。サプライチェーン支援機能でリアルタイムでの庫内在庫や作業状況の掌握を行うことができるのです。

庫内作業支援機能では、作業の進捗状況を常に確認しながら現場に指示を送ります。受注件数、処理件数などを現場に表示し、作業進行の目安を示すことで作業者の技術面における個人差を最小限に押さえることができます。

ＷＭＳの導入によるメリットとしては、商品・物流センター内の情報管理の徹底、社内外との情報共有の推進、作業の標準化、作業の進捗状況の把握などがあげられます。あわせて、情報管理を徹底させます。

ＤＸ時代のＷＭＳへのアップグレード

ＤＸ時代のＷＭＳには、作業標準化・平準化が念頭に置かれ、標準化・平準化の実現を目的とした指標の提案や設定も可能です。日次・月次レベルで荷役生産性の実績レポートなどを得ることができ、作業者別、センター別などの作業時間・作業量などの実績のレポート化が可能なものもあります。さらにこれからはＡＩ活用型のＷＭＳの開発が本格化し、ＡＩによる作業データの分析や、作業状況の進捗管理などが行われ、さらには、庫内最適化についての提案も行うことができるようになるでしょう。

次世代のＷＭＳでは、たんに入荷から入庫、保管、出庫、出荷に至る一連の作業進捗情報などを管理するだけでなく、自動倉庫、ＤＰＳ、ＤＡＳ、さらには物流ロボットや無人フォークリフトに入出荷指示を出したり、過去の入出荷指示データを提供したりする可能性も出てきます。ＥＲＰなどの上位システムとも入出荷の予定や実績に関わる情報や在庫情報を共有することになるでしょう。ＷＭＳがＡＩの活用により自律的に状況を判断する時代を迎えつつあります。

高まるWCS、WESの重要性

WCS（倉庫制御システム）の導入も今後は必要になってくるでしょう。WCSはマテハン機器、AGVやロボットなどを遠隔制御するシステムで、完全自動化の進む最先端の物流センターではその必要性が高まっています。WCSの導入により、自動化が前提となる一連の作業をコントロールし、最適化を推進します。省力化や無人化に欠かせない庫内情報システムとなるのです。他方、米国ではレガシーWMSの多くが音声物流システムに対応しておらず、すぐに対応できないことも問題となっていますが、WCSやAI型WMSとリンクさせることで円滑な運用の道筋が整ってきました。

さらに、庫内の人的管理の司令塔となるWES（倉庫運用管理システム）の重要性も高まっています。庫内の設備管理をWCS、人的管理をWESが行うという両輪体制の構築と充実、そしてアップグレードが、レガシーシステムからの脱却においても不可欠といえます。庫内作業者などのヒューマンリソースの管理や、デジタルツインによるバーチャル空間の創出などにより、庫内の数値化や最適化の土台が出来上がるのです。

図5-1　DX時代の物流センター情報管理システムの体系（イメージ）

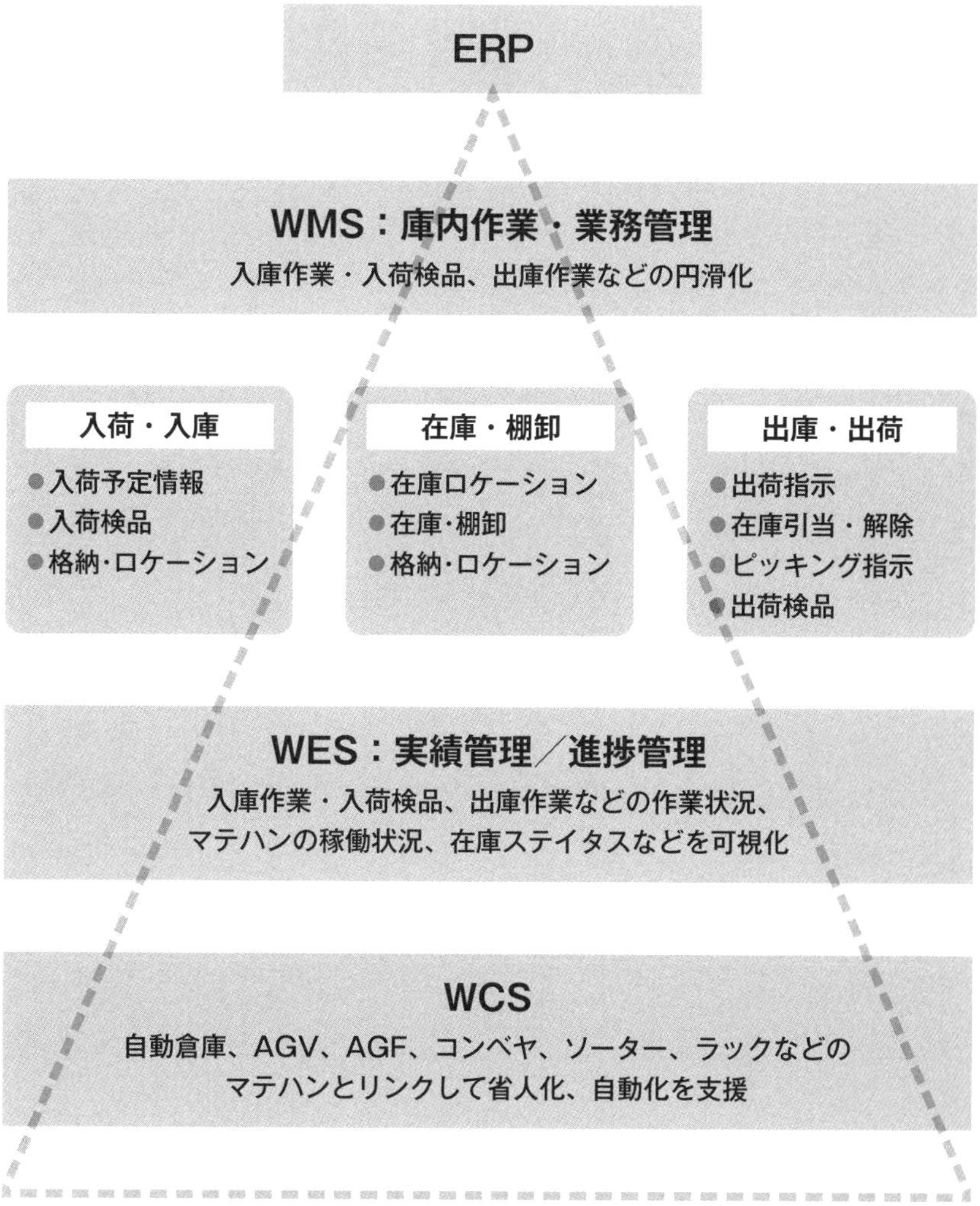

2 TMSの刷新によるトラック輸送効率化
――働き方改革関連法をふまえたシステム構築

運行スケジュールの管理を徹底

トラック輸送を効率化する情報システムにTMS（輸送管理システム）があります。ただし、DXテクノロジーの急速な進歩のなか、従来型システムのレガシー化も懸念されています。

TMSは、積み付け計画、ルート計画、トラック位置情報システム、貨物追跡、配送コスト・実績の分析などの機能を基本的に備えています。配送量計画システムにより、毎日の必要配送量の計算や配送区分別の仕分けをサポートします。積み込み・ルート計画システム、運行計画システム、運行実績管理システムなどによる毎日の運行スケジュールの管理を行うこともできます。車両管理システム、運賃計算システムなどによる運送についてのシステム的なサポートも実現できます。さらにトラックの実車率や稼働率、積み合わせ、帰り荷の獲得などに加えて、安全管理、労務管理、温度管理なども可能です。

ここにきてTMSは、さらなる多機能化、機能拡張の傾向を強めています。たとえば、働き方改革関連法への対応などによるトラックドライバー不足の解消を念頭に、中継輸送の推進機能や帰り荷マッチング機能などを搭載しているTMSも出てきています。

AI武装による配車の最適化の実現

レガシーシステムとは異なる新機軸として、クラウドネイティブなAI武装による、配車実績や輸送履歴などをもとにしたシステムの最適化も検討されるようになりました。もちろんクラウドによるリアルタイム処理が大前提となっています。

トラックドライバーの時間外労働を解消するための中継輸送支援機能は、ＴＭＳをデジタルプラットフォーム化し、配送マッチングサービスや、物流センターでの迅速な混載に対応するクロスドッキング支援機能などへの機能拡充を図るうえでの強力なモチベーションにもなります。

ちなみに、中継輸送は従来、一人のドライバーが担当していた長距離輸送を複数のドライバーが短距離をリレー方式で担っていく輸送方式で、人材の有効な活用や長時間労働を回避できることから、働き方改革関連法に対応できる貨物輸送方式として注目されています。長距離輸送が主となる幹線輸送から地場の域内輸送へのスムーズなリンクを可能にすることによって、輸送経路の最適化を推進します。中継輸送支援機能にモーダルシフト輸送のバリエーションをリンクさせて、トラック輸送に、海上輸送や鉄道輸送も選択可能な輸送モードとして連動させていくことも可能になります。

また、クラウドネイティブのデジタルプラットフォームを構築することで、これまでは物流事業者のみが関心を示していた輸送経路の最適化に関わるソフトウェアから、デジタルプラットフォーム上での輸送プロセス全体の進捗状況の可視化、貨物情報の確認、傭車・配車の管理などの諸情報を荷主企業と共有できるシステムへと発展してきています。ＴＭＳのレガシー化を回避しつつ、可能な限り、デジタル化時代のＴＭＳに切り替えていく必要があるのです。

強まるトラックの輸送管理と運行管理とのリンク

トラックドライバーが長時間運転をすることで疲労から正しい判断ができなくなったり、集中力が途切れたりすることで大きな事故が発生し、社会的に問題となったケースが多々発生しました。安全安心を念頭に置いたトラック輸送の運行管理の充実、徹底が求められるようになっているのです。

貨物自動車を有する営業所には運行管理者を設置しなければならないということが法律で定められています。資格を持った運行管理者（貨物）がトラックドライバーの乗務前、乗務後の点呼を行うことが義務付けられています。

日次レベルのトラックの運行管理の業務は次のような流れになります。まず運行管理者は運行開始前に定められた場所でトラック運転者の点呼を行います。営業所または車庫で原則として対面で行います。運行管理者がトラック運転者の体調、健康状態を直接チェックします。トラック運転者に異常が見られた場合などにはそのまま乗務させることはせず代替のトラック運転者を用意するなどの対策を講じる必要があります。

トラック運転者が使用する車両については、運行の開始前に車両法に基づいて目視などにより日常点検を行います。車両に異常があれば整備を行い、異常を取り除くか、代替の車両を使うなどで対処する必要があります。乗務後はトラック運転者の対面による点呼を行います。

なお、運行管理者は、トラック運転者の乗務前、乗務後のいずれも対面点呼できない場合に、運行指示書を作成して運行経路、交代地点などを指示しなければなりません。トラック運転者は

図5-2　クラウドネイティブ型のTMSのイメージ（例）

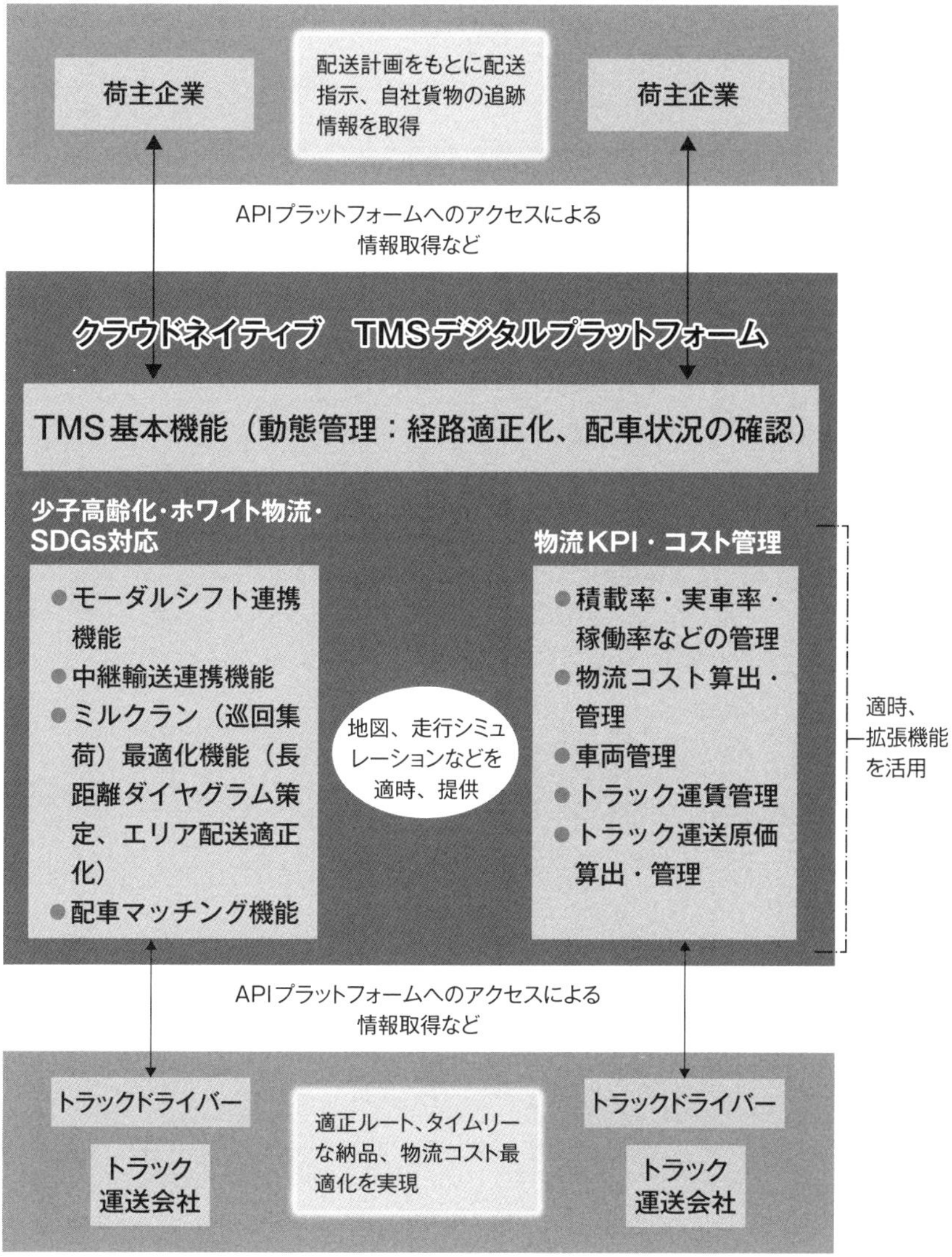

運行指示書を携行しなければならないのです。また乗務途中では電話などの方法で点呼を行います。

乗務などの記録については、運行記録計により瞬間速度、運行距離、運行時間が記録され、1年間保存することが義務付けられています。運行記録計の管理と記録の保存も運行管理者の業務です。

ただし、運行管理者の業務は負担が大きいこともあり、アナログ対応からデジタル対応へのシフトが必要とされてきました。さまざまな業務の非対面が推奨されるなかで、運行管理についても情報システムの導入やオンライン会議システムなどのＤＸデバイスの活用などが推奨されるようになり、ＴＭＳのなかに拡張機能として積載率、稼働率などのＫＰＩ管理などと並んで、運行管理機能も組み込まれる動きも出てきています。

実際に、ＴＭＳにより各車両の経路適正化を行ったうえで、出発地、到着地、走行距離、燃費などから運転日報を作成したり、運転者台帳を作成して、健康診断の記録や免許証の更新状況などをデジタル化したうえで記録したりすれば、一連の運行管理業務の効率化も推進できます。

ＴＭＳの基本機能に一連の拡張機能を加えたラインナップをクラウドネイティブのデジタルプラットフォーム上に構築すれば、輸送に関するデジタル管理を一元化することが可能になるのです。

さらに、トラックの自動運転やロジスティクスドローンなどとのリンクも近未来には可能になるでしょう。輸送経路を最適化し、デジタル化された緻密な運行管理の監視下に、安全安心、低コストで地球環境にやさしい物流の実現が可能になるわけです。

3 求荷求車システムの貨物輸送のマッチングプラットフォームへの進化
——帰り荷の確保で輸送効率を向上

トラック輸送部門では近年、多くのビジネスモデルが誕生しています。トラック輸送業界の必須ツールとして定着した求荷（貨）求車システムはその象徴的な存在でもあります。求荷求車システムとはインターネットなどを介して、トラックと貨（荷）物のマッチングを行うシステムです。

発荷地点のA地点から着荷地点であるB地点まで運送する場合、B地点で荷卸しをした後、A地点までの帰路は、空荷になることが多いです。しかし、B地点でA地点までのトラックを探している荷主などがいれば、もともとは空荷で戻る予定だったトラックが荷物を積んで帰れるようになるわけです。帰り荷ということであれば運賃を通常より安くできるケースもあります。

空トラック情報や貨物輸送のニーズを掌握

トラック輸送に際して、往路のみにしか貨物がなく、帰り荷を確保できない場合には、帰路の人件費や燃料費、高速料金などが負担となり、コスト的に見合わないことも少なくありません。そこで求荷求車システムの活用が図られてきたのでした。

求荷求車システムでは、ネットなどを介しての登録情報から自社が利用したい貨物車両情報や運びたい貨物情報を検索、あるいはオークションなどによって空きトラック情報や貨物輸送のニーズを掌握することができます。必要な輸送車両の確保や輸送コストの削減も容易になります。

これまでは、トラックの位置情報と求荷情報のマッチングにタイムラグが生じてタイムリーな対応ができずに電話などの手段に頼ることも少なくありませんでした。しかし位置情報をリアルタイムで把握できる技術が確立されてきた現状をふまえると、今後、飛躍的にシステム全体が進化する可能性も高まっています。

ただし、たんなる安価な貨物輸送のマッチングに傾倒することは避けなければなりません。トラック運賃は適正な範囲でマッチングがまとまる必要がありますし、輸送品質についても十分保証されなければなりません。

トラック運賃については、バブル期以降の規制緩和の流れにより届出制になりましたが、競争が激化するなかで、運賃下落に歯止めがかからなくなりました。そこで国土交通省は「標準的な運賃」を定めました。認可運賃が独占禁止法とのからみで実施できないことに配慮した対応でもあります。

トラック運賃が長い間下落を続けてきたこともあり、「下がって当たり前」という認識を持つ荷主企業が増えてしまいました。しかし、あまりに安価な運賃設定はトラック運送の質の低下につながり、誤配送や事故の増加を招くことにもなります。過度なトラック運賃の低下を招くことは避けなければなりません。働き方改革関連法案の施行を受けて、「帰り荷を確保するが同時に適正な運賃を前提に輸送品質に配慮しながら貨物輸送のマッチングを行う」という姿勢が必要となるのです。

さらにいえば、ＴＭＳとのリンクも進めつつ、輸送の主要ＫＰＩである積載率、実車率、トラック稼働率に配慮することも求められています。輸送品質の確保という点については、運行管理システムとの密接なリンクを図るという視点から、トラックドライバーの拘束時間などの管理もあわせて行うシステムを構築する必要があります。実際、求荷求車システムの基本的な概念やビジネスモデルとしてのスキームは大きく変わろうとしています。

従来は車両や帰り荷の情報などを提供し、マッチングを斡旋することに主眼が置かれていましたが、そうした情報に加え、たとえばバース予約システムやＴＭＳなどとのリンク、物流ＫＰＩや適正運賃、さらには安全安心な労働環境なども重視されています。

加えて、求荷求車システムの取り扱う貨物情報、トラック情報などはビッグデータ時代の流れのなかで、スマートシティなどの都市のインテリジェント化に結びつこうとしています。これまで以上に高度なシステムの提供が行われるようになってきているのです。

求荷求車システムのアップグレードに対して、利用者である物流事業者や荷主企業にも戦略的な活用が求められます。帰り荷情報などの入手やマッチングだけで満足しているならば、より効果的な活用を実践する競合他社の後塵を拝することになりかねないのです。

スポット輸送に柔軟に対応

ただし、求荷求車システムはその草創期から「インターネット時代を具現化するビジネスモデル」といわれつつも、必ずしも多くの参入企業が成果を上げてきたのではない、という厳しい事実を突きつけられています。ネットワークの拡大に成功した企業がある反面、市場からの撤退を余儀なくされた企業も少なくなく、ビジネスモデル特許の有無で明暗が分かれた事例もあります。

帰り荷や車両情報を必要とするのは、物流事業者や荷主サイドからすれば、スポットの輸送であるケースが相当にあります。

「急な出荷に対応しなければならないがトラックが足りない」「緊急輸送を請け負えるトラックとその帰り荷の情報がほしい」といったニーズが多いわけですが、それはある意味でイレギュラーな需要でもあります。そのためのプラットフォームは必要ですが、ビジネス需要の安定性を考えると、スポットのみの輸送ではプラットフォームが円滑に機能しないリスクが出てきます。

したがって、物流事業者や荷主などの利用者側からすれば、求荷求車システムだけに頼るのではなく、独自の輸送計画を構築するなかで、ダイヤグラム（運行計画線図）を緻密に策定し、共同物流や中継輸送、モーダルシフト輸送を推進していく工夫をこらすことになります。求荷求車システムのみでは効率的な物流ネットワークの構築には限界が出てくるケースもあるというわけです。

もっとも近年のトラックドライバー不足やネット通販などのラストワンマイル配送の増加などの傾向を受けて、求荷求車システムのユーザーは増加傾向にあります。重要になってくるのは、求荷物求車システムのビジネスモデルとしての特性を理解したうえでいかに脱レガシー化を進めるシステムに切り換えていくかということになるでしょう。

図5-3　進化する求荷求車システムの一例

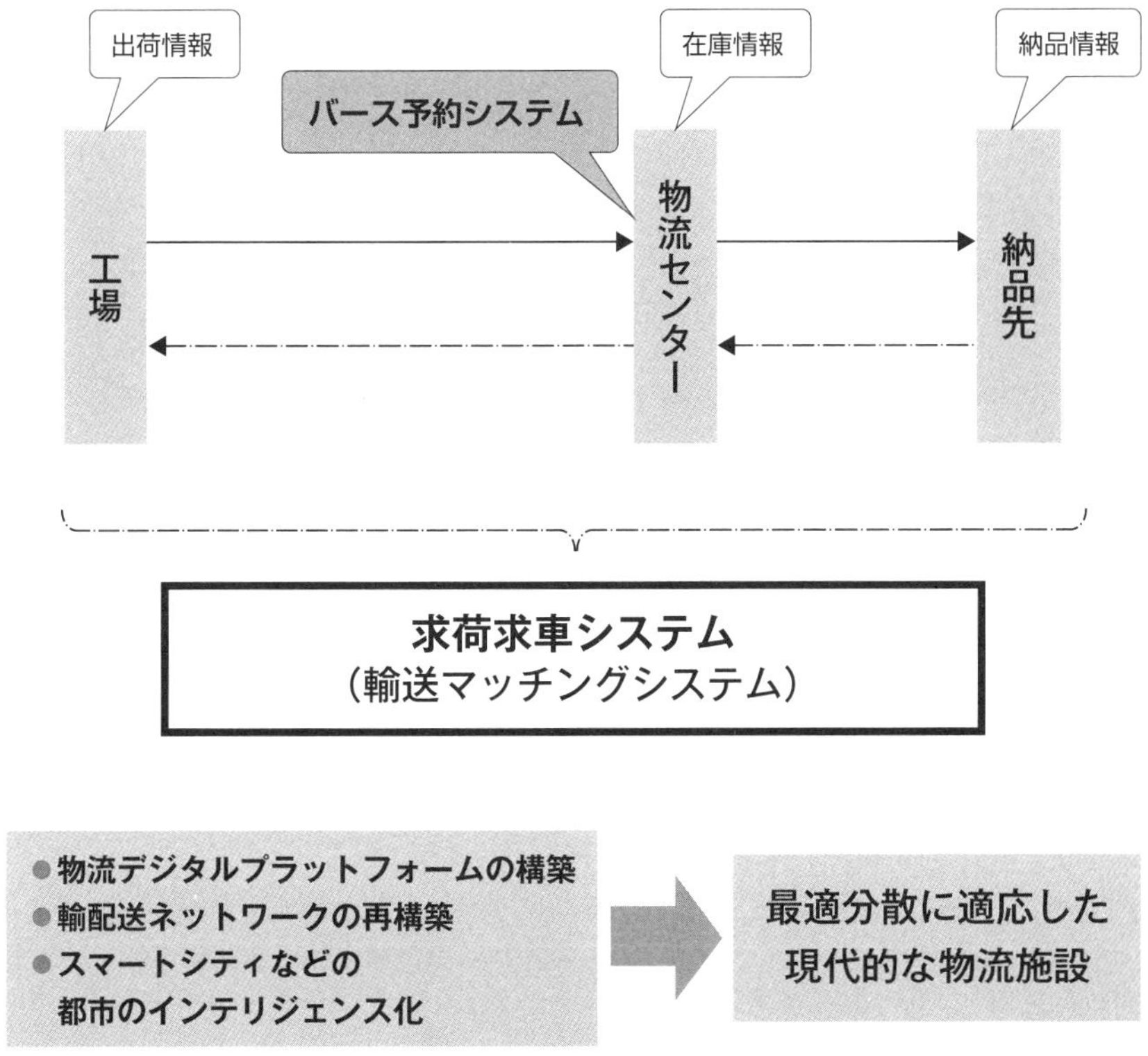

4 注目される在庫管理システムの進化
——在庫適正化をクラウド経由で実現

在庫最適化の実現を目指す

在庫最適化を念頭に庫内作業の流れを確認していきます。

(1)出荷量にあわせた在庫管理

納品元の立場で考えると、出荷量にあわせた在庫管理が求められることになります。納品量の見定め方によって過剰在庫や過少在庫が発生してしまうことに留意する必要があるのです。したがって「ムダ、ムリ、ムラなく顧客の補充発注に対応する」ということが在庫管理の基本となります。WMSなどと連動するかたちで在庫管理システムを導入し、適正在庫水準を定義付けたうえでの在庫の可視化が必要になってきます。請求書、見積書、納品書の発行をスムーズに行ううえで販売管理システムなどとの連携にもメリットがあるでしょう。また、調達についてもステータスを注視し、仕掛品在庫、半製品在庫などの緻密な管理を行うようにします。

(2)入出荷・入出庫管理

受発注、入出荷、入出庫もしっかりと管理する必要があります。在庫管理を正確に行うためにはまず「入荷、入庫の作業をきちんと行う」ということがあげられます。入荷、入庫に際して伝票と数量、種類、納入日時などをきちんと照合することで、「何が在庫として保管されているかわからない」という状態を避けるのです。コンピュータによる在庫管理システムが導入されていれば、バーコードをハンディターミナルで読み取り、簡単に検品することができます。

検品などに際しては、作業エリアを設けて、チェック、照合を行います。当然のことですが、検品エリアを設けないであちらこちらで検品を行うと、品物を紛失する恐れが出てきます。検品が終了したらすみやかに入庫するようにします。

どのように保管するかということも在庫管理を効率的に行ううえで重要です。パレット単位か、段ボール箱単位か、あるいはピース単位かといったことを在庫量、品物の特性などを十分にふまえて決定します。

(3)先入れ先出し法の徹底

出庫における適切な対応も重要です。出庫にあたっては先入れ先出し法が原則です。必要以上に長く保管すれば商品の品質は劣化するかもしれません。保管が長期に渡れば、サビや染みなどが商品に付着する恐れが出てくるからです。しかし「先に倉庫に保管したものから順番に出庫、出荷する」とすればそうしたリスクを最小限に抑えられるのです。

(4)合理的な欠品対策の実施

ネット通販でもリアルショップでも売れる店舗では品揃えが充実しています。店のコンセプトも明確で、買物客は「その店に行けばどのような商品を買えるか」がはっきりとわかります。こうした店舗では品揃えの充実と平行するかたちで在庫管理、戦略も綿密に立てられています。人気商品の発注を増やしたり、不人気商品の仕入れをやめたり、返品したりしなければならないからです。

ネットショップのラインナップ、品種・品目構成などで在庫状況は変化します。商品を管理するうえで売場構成、陳列方式などを戦略的に練ることも重要です。よく売れる商品とあまり売れない商品を並べて陳列、展示すると、人気のある商品はどんどん売れて、人気のない商品ばかりが残ることになります。「どういうわけか売れ筋の商品は欠品だらけだが売れない商品に限って過剰在庫が生じてしまう。対応のしようがない」という状態が発生するのはこのためです。人気商品が売れた場合には適時、補充を行い、不人気商品の取扱数量はそれにあわせて減らしていくようにしなければならないのです。追加補充を頻繁に行っても、売れ筋商品が急に変わったり、流行が終わってしまったりするリスクも小さくありません。そこで必要な量だけを追加補充し、「売り切れ御免もやむをえない」という姿勢をとるケースが増えています。

クラウド型の在庫最適化システムの導入

レガシーシステムでは、情報セキュリティの観点やマテハン機器との相性などをふまえ、自社サーバーを導入して管理するシステムが主流でした。ここ最近、在庫最適化サービスが普及してきています。その理由としては、システム構築に時間がかからず低コストでの導入が可能で、在庫情報をリアルタイムで共有できることにあります。もちろんいきなりシステムを導入できるというわけではなく、庫内レイアウトやオペレーションが標準化された現場改善を行ったうえでの導入ということになります。さらに在庫最適化の実現にあたっての方針やアプリケーションの機

図5-4　在庫適正化による物流改善

在庫過剰による課題（例）

①在庫が多く、キャッシュフローが悪化しているため資金繰りに余裕がない

②コスト削減を目的に一度に大ロットで調達しているが保管スペースの確保に苦慮している

③外部に借庫して保管しているためにコストがかかる

在庫適正化による課題解決（例）

①重複在庫、安全在庫の削減と不動在庫の漸次的な処分を行い、常に在庫状況を可視化して把握する

②大ロットでの仕入れではなく、数回に分けた小ロットでの仕入れに切り替え、あわせて保管効率と出荷頻度を念頭において庫内レイアウトを改善

③外部借庫の必要性を検討して、拠点集約を推進

能は製造業向けか、小売業向けか、あるいは卸売業向けかなどで大きく異なります。

このほかに、Ｂ２Ｃ対応のクラウド型在庫管理システムを活用する企業が増えています。ネット通販市場の拡大により、中小規模のＢ２Ｃ対応の企業が在庫管理をコンパクトかつ適正に行う必要が出てきています。求められる条件としては、リアルタイムでの在庫管理を一元管理できる機能が求められます。加えて、受注データから送り状を作成したり、納品書を作成したりする機能も必要です。また、スマートフォンを活用する検品システムの導入も一策です。

5 ＰＯＳシステムにおけるレガシー化のリスク
——複雑化、孤立化、ブラックボックス化の見直し

サプライチェーンにおいて、生産情報、在庫情報、販売情報などを生産領域、物流領域、小売流通領域で共有することで綿密な需要予測を行うことになります。ＰＯＳ（販売時点情報管理）システムにおける販売実績を生産、物流においても共有することで、緻密なサプライチェーンを構築することが可能になります。したがって、「どのような消費者がどのような商品をどれくらい購入しているか」を把握するＰＯＳシステムは工場における生産計画や物流領域における在庫管理や輸送計画に密接にリンクすることになります。

求められるデジタル時代への対応

ＰＯＳシステムとは、商品別の売上情報、販売状況などを単品単位で掌握し、管理するシステムです。レジなどで個々の商品のバーコードを読み取り、品名、型名、販売個数、単価などを把握します。多くの小売店やコンビニ、スーパーマーケットなどで使われる流通業向けのシステムや、レストラン、居酒屋などで導入されている外食業向けのシステムなどが存在します。

流通業にとっては、レジ業務の省力化、在庫管理の効率化、受発注管理の合理化、売れ筋商品・死に筋商品などの迅速な把握、店舗内の商品陳列レイアウトの適正化、顧客管理の高度化など、導入に多くのメリットがあります。外食業では在庫管理の効率化、献立・調理管理の合理化、顧客稼働率の向上などの利点があります。食品メーカーなどもＰＯＳ情報を掌握することによって、

生産計画の迅速な変更や新商品開発にあたっての綿密なマーケティング分析などが可能になります。

先進的だった日本のPOSシステムもレガシー化の危機

大手コンビニエンスストアではPOSシステムが高度に構築され、店頭情報が本部で統括管理されてきました。コンビニで売られる弁当や惣菜の流通経路は毎日の多頻度小口輸送が大前提です。POSシステムを活用することで、卸売業を通さず、メーカーから直接仕入れ、流通経路も可能な限りの短縮化、圧縮化を図っています。惣菜や牛乳、加工食品などの商品は共同配送センターに集められ、配送先の店舗に商品が振り分けられます。

ただし、そうした優れたPOSシステムも急速に進むDXの流れのなかで、レガシー化する可能性が出てきました。日用品業界は早期から物流の効率化に乗り出し、POSシステムの導入などにも、スムーズに対応してきました。メーカーと卸売業、小売業の情報共有を徹底させることによって、緻密な生産計画、販売計画を立ててきたのです。

ただし、POSシステムについては、既存のシステムがレガシーシステムに追いやられる可能性が出てきています。急速に進むスマートストアなどの店舗、無人化の流れで、ID-POSなどにも注目が集まっています。

実際、小売店舗の接客などのあり方はコロナ禍以降大きく変わることになりました。コロナ禍ではレジでもなるべく顧客と距離を置くことが求められ、店舗納品についても「マスクなどは買い物客に目立たないように納品してほしい」といった要望が出されたケースもありました。そしてそうしたなかでID-POSの活用に期待が集まっているのです。

顧客の情報は特定化され、「誰が何を買ったか」ということが細かく履歴として残る時代になりました。ビッグデータにより「最近いつ、どれくらいの頻度で合計どれくらい買ったか」を割り出し、重要顧客を抽出する、RFM（最終購入日・購入頻度・購入金額）分析が行われるようになりました。RFM分析は、個人を特定して詳細な購買情報を入手できるようになったことから注目度を高めています。

ちなみに卸売業と小売業の相違点として、「個人を特定できるか否か」ということがあげられます。卸売業は小売業に比べれば多くの顧客を扱うことはありませんが、それぞれの顧客を特定できることからどのような需要があるかを詳細に分析することが可能です。しかしこれまでの小売業では、顧客を特定できません。

しかし、近年のキャッシュレス化の急加速でリアル店舗でも顧客IDを確認できるようになってきました。「お客様の需要をID単位で分析して、最も売上高に貢献している顧客層により緻密にピンポイントで合わせた商品を提供する」ということが可能になり、顧客ニーズをより的確に反映した品揃えを提供することができるようになりました。この流れに5Gが加わり、高度な画像認識システムなどの導入をストレスなく進められることでこれまで以上に綿密な需要予測や高度な顧客管理の実践が可能になりつつあります。

クラウドを活用したビッグデータ分析を視野

店舗に備え付けてある旧式の据え置き型のPOSレジが、店舗売上の数値化やデータ分析の障壁となっているという見方も強くなっています。ＰＯＳレジ情報を活用するにあたり、たとえば可搬性の高いタブレット端末を導入し、クラウド経由でＰＯＳデータをリアルタイムで管理するのが脱レガシーの最新端末と情報ネットワークといえます。いわゆる「クラウドＰＯＳ」の登場です。

タブレット端末などにすることで端末の移動も容易になりますし、メンテナンスや設置コストを大きく低減させることが可能になります。また、クラウドとの連携から多くの拡張機能も期待できます。在庫管理機能や商品管理機能、顧客管理などとの連携も可能になります。

クラウドＰＯＳによるシステムの高度化は、需要予測の綿密化にもつながっていきます。ＰＯＳデータをＡＩが分析し、緻密な需要予測を行うことも行われています。

クラウドＰＯＳが普及すれば、店舗は省スペース化していくことになります。販売スタッフなども最小人数に、あるいは無人化店舗が増えることになるので、これまで以上にコンパクトな店舗も増えてくるでしょう。さらにいえば、売上データの分析が緻密になることから売れない仕入れや品揃えが淘汰されることにもなります。こうしたビジネス環境の変化を受けて、既存の小売業態とは異なる新しいビジネスモデルが誕生する可能性も出てきているのです。

また、近い将来には、デジタルサイネージとのリンクを図り、エッジＡＩカメラにより、来店者の性別や年齢、興味を抱いた商品に関する情報を収集、分析、処理したり、顧客の動線分析などを行ったりすることも可能になるでしょう。クラウドＰＯＰを流すこともできます。

このように次世代型のクラウドＰＯＳは、関連のＤＸデバイスとのデータアライアンスを実現し、顧客の特性や志向を正確に分析し、「何がどれくらい売れるか」ということについて綿密に

図5-5　クラウドPOSのイメージ（例）

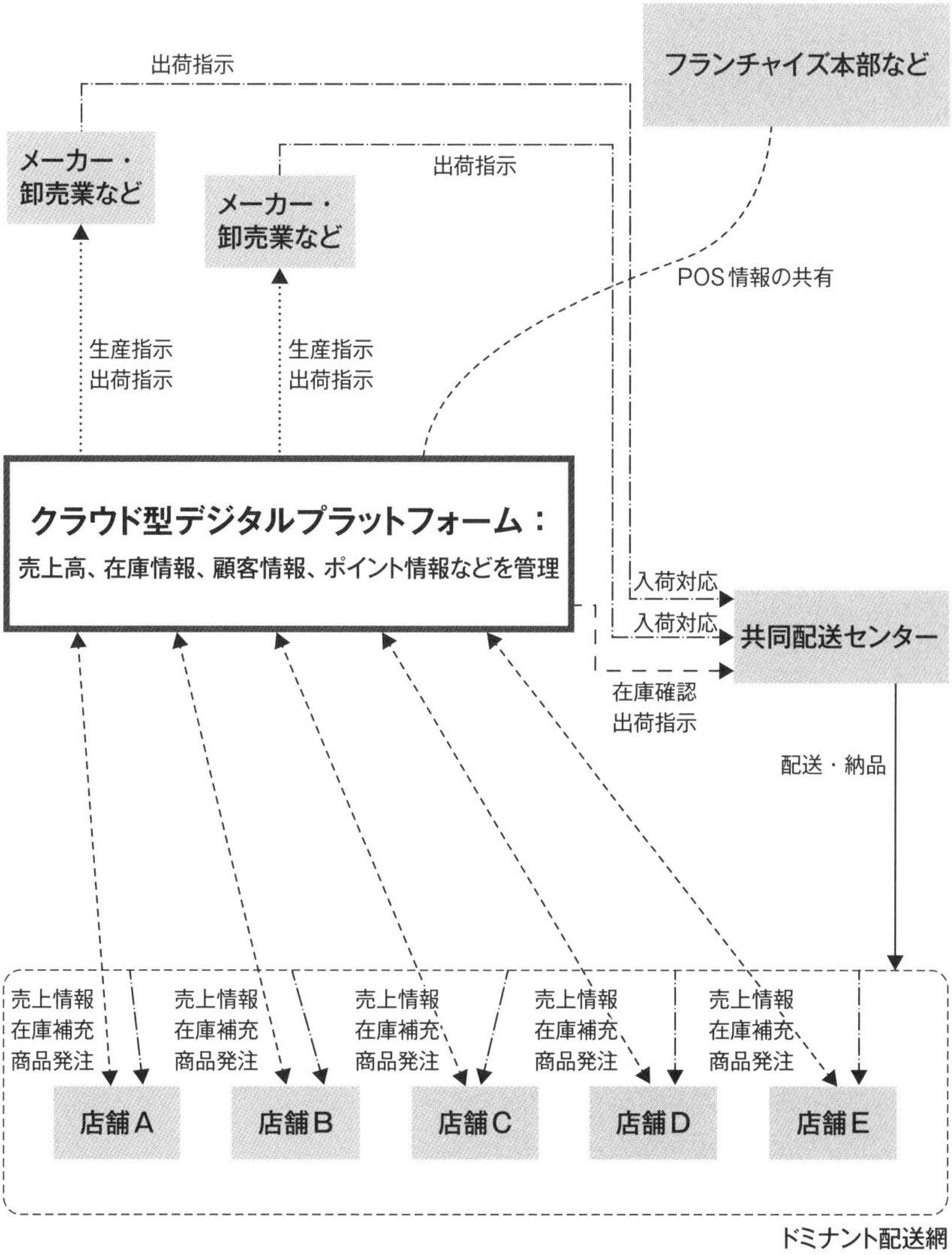

予測することが可能となるのです。そして当然ながらレガシーＰＯＳのままでは、そうした流れに取り残されていくことになるのです。

6 求められる生産管理システムの脱レガシー化
――クラウドネイティブへの移行に適応

サプライチェーンにおいて、生産、物流、小売流通の各領域で情報共有を徹底することで綿密な需要予測が可能になります。ＭＥＳ（製造実行システム）における生産履歴や加工履歴の管理は、サプライチェーンの川中、川下の在庫情報などとリンクすることになります。ＭＥＳの導入により、「どのような製品がどのようなプロセスでどれくらい生産されるのか」を把握することが可能になるのです。

ＭＥＳの脱レガシー化も不可欠

製造業のＤＸの推進にはＭＥＳの脱レガシー化も不可欠となります。ＭＥＳは生産現場で中心的な役割を発揮する情報システムです。生産現場の最適化を果たす役割を担っています。ＭＥＳの目標は受注から製品の完成に至る生産活動全体の最適化をするために必要な情報の共有化にあります。ＭＥＳによって、生産履歴や加工履歴を管理することで、生産工程を改善することも可能となります。工場業務や生産工程を効果的にマネジメントすることができるというわけです。

たとえば、自動車産業などの組立加工型の製造業にはさまざまな部品の調達、組立、製品に至る一連の生産工程があります。ＭＥＳによって、その作業指示の閲覧（えつらん）、組立品の品質検査、不良品のチェックなどの情報共有が実現できます。

また、石油プロセス産業などには、原油の精製、合成樹脂の製造、最終商品への加工といった大きな一連の生産プロセス群があります。気体から液体を経て固体に至る石油の製品化の流れです。ＭＥＳにはこういった原料から最終商品までの生産情報の共有化を推進する機能があります。医薬品産業にも、原薬製造、製剤、製品という一連の工程があります。それぞれの工程は工場も別になります。しかしＭＥＳによって、それぞれの生産情報は共有され、リードタイムの短縮、在庫削減、コストダウンをより徹底することができます。

ＭＥＳはＥＲＰとは異なり、工程管理に特化していることから、うまく活用することで機械や設備の特性を正確に把握したうえで作業者にタイムリーで適切な指示を出せるようになります。レガシーシステムのＭＥＳは扱いが複雑で導入コストも高く、使いこなすことが難しいシステムでした。しかし、クラウドネイティブのＭＥＳが登場し、コストも適正化し、導入も比較的容易になってきました。脱レガシー化を図ったうえでＥＲＰとデータアライアンスを行うことで大きな相乗効果が期待できます。

ＡＰＳによる生産に関する意思決定

ＭＲＰ（製造資源計画）からＡＰＳ（生産管理スケジューラ）にシフトしてきた製造業も少なくありません。ＡＰＳでは、生産に関するさまざまな意思決定が行われます。たとえば全社的な視点から日次レベルの生産に関する詳細な計画、あるいは週次レベル、月次レベルなどの生産計画についてです。

工場などの生産現場では、原材料や仕掛品在庫がどの注文と関係しているのかということを結びつけて考えるのが難しいというケースがあります。そのため、顧客の納期問い合わせに正確に回答できず、要望する納期を守れないというケースも出てきています。こうした問題の原因は生産現場と営業現場などの情報ネットワークにあります。生産プロセス、生産計画の諸情報が体系的に共有されていないからです。けれども個々のオーダー情報に加えて、事前に生産計画全体の情報がパートナー企業間で詳細に開示、共有されれば状況は変わります。正確な納期回答ができないという問題も解消されることになります。

組立メーカーなどがサプライヤーに詳細で正確な生産計画情報を知らせ、他方、サプライヤーは部品・資材などを必要なときに必要なだけ供給します。そうすることによって、パートナー企業間での巨視的な生産情報の共有化を促進していくのです。

生産計画と輸送計画の情報リンクなども行われます。もちろん、そのことによって、サプライチェーンの全体最適化を実現することにもなります。

生産現場で進むデジタル化の波

モノづくりでは３Ｄ設計やバーチャルエンジニアリングの流れが急加速しています。その結果、日本が世界に誇る緻密なモノづくりに関わる一連の情報システムのレガシー化が急速に進む可能性が出てきています。たとえば、３Ｄ設計が進めば、板金、鋳造、塑性加工、熔接、除去加工などの生産工程の概念もこれまでと大きく変わる可能性が出てきています。

レガシー式の手法では、紙ベースや孤立性の高いデータベースやソフトウェアを使い、設計仕様などの作成が行われています。各部品や装置はアナログ的な手法で組み合わせ、回路図や配置図を作成していくことになります。２Ｄで進めれば立体的配置などはなかなか決定できないケースも出てきます。もっともこうした作業は手先が器用で状況に応じて柔軟に対応できる日本人の技師などの得意とすることでもあったように思えます。

しかし、世界の流れは大きく、バーチャル設計と３Ｄモデルの活用に舵を切っています。

自動車部品などの製造業ではバーチャル設計に対応するために３ＤモデルをＰＤＭ（プロダクトデータ管理システム）のもとにカタログ化が行われています。ＰＤＭとは、ＣＡＤの製品データやＢＯＭ（部品表）などの製品の設計技術情報の一元管理を行うシステムで、プラットフォーム化、クラウド化が進んでいます。３Ｄ設計情報を検索などができるかたちで一元管理して、ＢＯＭデータとして同期し、製品生産の流れのなかで標準化されたワークフローが設計、可視化できるようになっています。もちろん、データはたんに一元管理するだけでなく、リアルタイムでの更新も別製品への転用、活用も可能です。３Ｄ設計という前提でプロセスを進めれば、大きな効率化を図ることができます。これまで必要とされていた仮組立なども３Ｄを活用すれば不要になり、品質管理も格段に簡素化することができるようになります。

さらに、関連する輸送費、保管費などの物流コストも低減することが可能になります。川上から川下までバーチャル空間、デジタルプラットフォームでシミュレーションが可能になり、熟練作業者でなくても、従来は熟練技術を要した作業や業務で支障がなくなります。

当然のことながら、我が国の生産現場がレガシー化されたやり方やソフトウェア、情報システムを継続していけば、電気自動車ビジネスの拡大などによる市場変化のなかで、国際競争力を大きく失っていくリスクも考慮しなければなりません。モノづくりという勘と経験と熟練度が要求

図5-6　生産現場におけるDXの推進

レガシー型の生産現場

2D設計・アナログベース／レガシーソフトウェアによる設計仕様書の作成

- 2Dデータのすり合わせ、現場の判断で使い勝手などを独自に判断して特注パーツなども適時活用
- モジュール化、標準化が行われていないケースも多い

- 複雑な生産工程
- アナログな製品設計仕様書
- 属人化されている生産現場
- 長い生産リードタイム
- 物流コストの高止まり

脱レガシーのDXされた生産現場

3D設計・バーチャルエンジニアリング

クラウド型PDMのデジタルプラットフォーム活用

- 生産工程の簡素化
- 製品設計仕様書などの標準化・共有
- 生産現場の属人化の解消
- 生産リードタイムの短縮
- 物流コストの低減

された生産現場にデジタル化の波が押し寄せてきたことで、旧来のやり方が一部の熟練者しかできないレガシー生産方式となることは避けなければならないのです。

7 レガシーシステム依存の弊害 ——放置することはできない現状を認識

システム障害の多発や生産のムラを懸念

レガシー化の特徴をまとめると、①老朽化して効率が悪い、②複雑に大規模化していて保守も拡張もリプレースも容易にできない（サイロ化）、③データアライアンスができずシステムが孤立している、④システムパフォーマンスが著しく低下している、などがあげられます。

レガシーシステムに依存し続けることで、我が国の製造業の競争力は低下の一途をたどっていくでしょうし、小売業・卸売業もマーチャンダイジング（品揃え）やマーケティング力に後れを取ることになります。物流でも、「輸送や保管の品質」を高く保つことが難しくなる恐れがあります。マテハン機器や連動するシステムのレガシー化にも対応しなければなりません。さらに、荷主企業の物流システムや商品管理システムなどの脱レガシー対応として、ERPなどのクラウドシステムへのマイグレーション（システム移行）も強く求められるようになってきています。

レガシーシステムに頼ることでシステム障害が多発し、生産にムラが生じるケースも出てくることでしょう。レガシーシステムはこれまで相当数の修正や修復を行っています。そのため、屋上屋を重ねていくようにシステムは冗長化し、サイロ化しています。さらにいえばシステムの細部はブラックボックス化しているので、もはや手がつけられない状態でもあります。システムトラブルをきわめて起こしやすい環境にあるといえます。ITベンダーからのサポート体制も終了していることから、大きなリスクを抱えている状態といえるでしょう。

レガシーシステムの場合は、作業効率も低下します。最新のシステムならばすぐできることに長い時間がかかったり、あるいは作業自体ができなくなってしまったりということも起こります。システムトラブルの修復などに多大なコストがかかったり、ユーザー補償を行わなければならなくなったりすることもあります。

レガシー化というと「長い時間をかけて進む」と一般には考えられているようですが、昨今のＩＴ分野の加速度的な発達状況を考慮すると、早ければ5年程度でレガシー化してしまうことも十分に考えられます。

サプライチェーンのレジリエンス（強靭さ）が求められる時代になりましたが、災害などによるサプライチェーンの途絶を回避するためには、レガシーシステムから物流ネットワークを切り離して、クラウドベースの柔軟性、可動性の高い簡素化された最新システムへのリンクを行う必要があります。システムのダウンサイジングも求められることになるのです。

図5-7　レガシーシステムの特徴

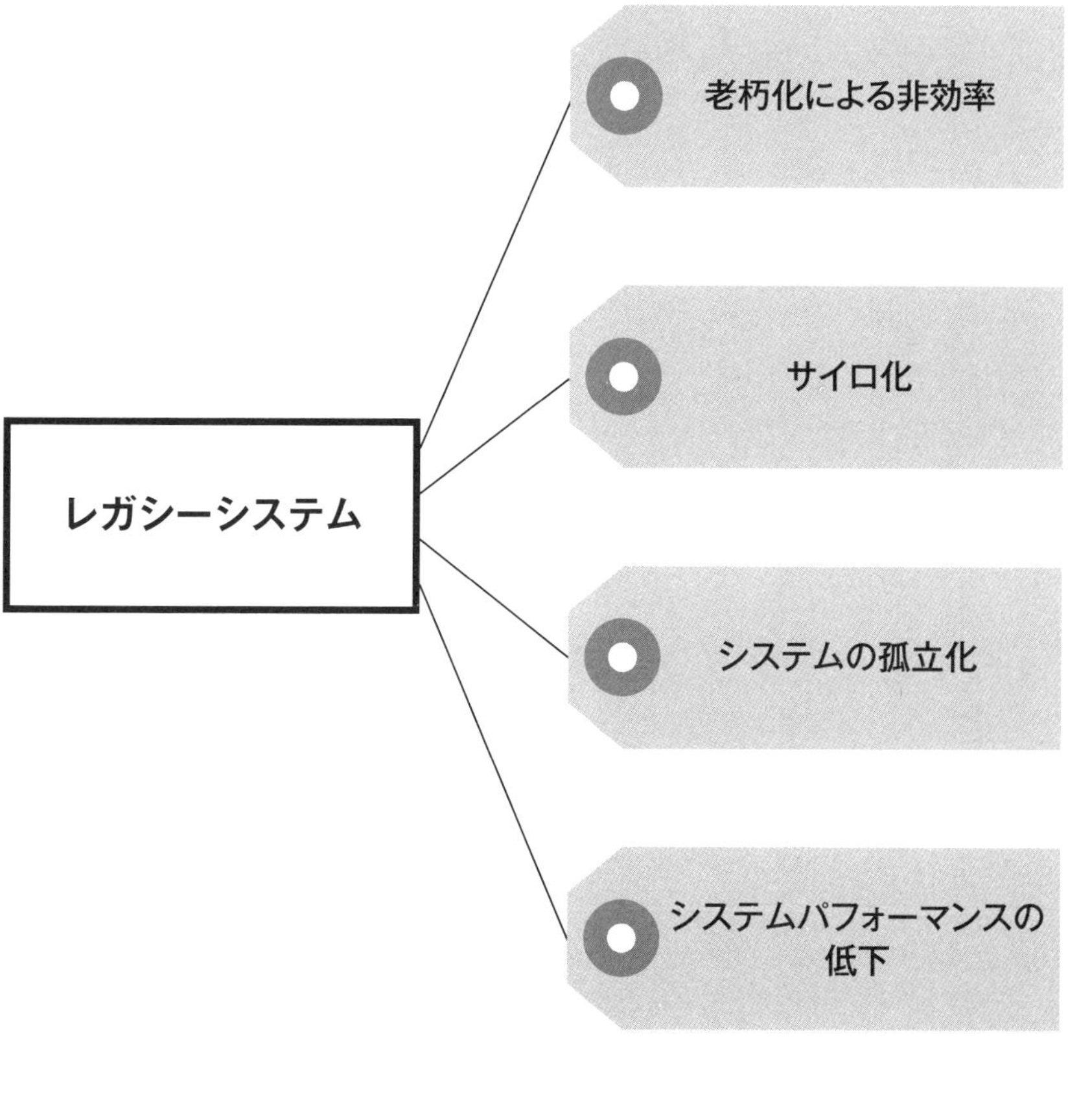

第6章

物流DXの導入の前に

1 次世代物流システムに望まれる標準化
——作業手順や物流ツールの統一を推進

物流DXとの表裏一体の関係

物流現場におけるさまざまな手作業の手順や速度に個人差があると、それが障壁となってＤＸのスムーズな導入が難しくなることがあります。物流現場の標準化を推進し、そうした現場で発生しているバラつきをなくしたうえでＤＸを推進していく必要があります。

物流ＤＸの導入と作業手順などの標準化の推進は、表裏一体の関係にあります。「ＤＸの推進により標準化を徹底できる」とも考えられるのですが、「ＤＸを本格的に推進するためには標準化が前提として必要になってくる」ともいえるのです。さらにいえば、レガシー化するシステムのなかのブラックボックス化や孤立化などに対応するためにも標準化は必須です。

標準化は物流ツールなどのハード面の標準化と物流現場の作業の段取り、手順などの標準化に二分されますが、ここでは作業の標準化を中心に考えていきます。

働き方改革の視点からも重要

働き方改革やホワイト物流の推進、さらに高齢者の活用や女性登用などの労働力のダイバーシティへの対応を受けて、作業手順などの標準化がこれまで以上に重視されるようになってきました。

標準化は、さまざまな領域で行われていますが、物流領域についても標準化を進めることで「作業時間がどれくらいかかるか」「どれくらいの作業者や人員が必要になるか」といった目安がつくようになります。例をあげると、積み付けや荷捌きなどについて作業手順に基づいて標準化を行い、「作業者によって時間や手順が異なる」といった仕事量のバラツキをなくしていくケースが考えられます。標準化された手順やマニュアルを用意して物流品質を高いレベルで保つことが重視され始めているのです。

標準化されていない物流現場の作業プロセスを一日の流れに沿って考えると、次のようになります。

まず、トラックが入荷バースで荷卸しをするのに時間がかかります。トラックドライバーが荷卸しをするのか、工場・倉庫側の作業者が荷卸しするのか、あるいは双方の作業者が協力して行うのか、状況によって異なることもあります。近年では荷役分離が求められています。

そのため、トラック1台当たりの入荷に時間がかかり、入荷待ちのトラックが列を作ってしまうのです。

さらに入荷ロットがバラバラであれば検収・検品などにも時間がかかってしまいます。また、作業者の検品の手順や技量が異なり、ミスのない作業者もいればミスの多い作業者もいるといった状態では、作業時間や作業量がどれくらいになるのかを把握することは容易ではありません。

多かれ少なかれ、物流現場がこのような状態になっているのであれば一刻も早い標準化によるテコ入れが必要になってきます。

プロセスにあわせて作業手順を改善

物流ＤＸの導入に際して、まず手作業レベルでの作業標準化を徹底させる必要があります。そのうえでたとえば積み付け作業ならば、積載率や荷役作業性などの物流ＫＰＩ（重要業績評価指標）の向上を図ります。「情報システムのクラウド化を推進し、タブレット端末を作業者に配り、ハード面から物流ＤＸを導入しさえすれば、自ずと物流改善も効果的に実現できる」というわけではないのです。

すなわち、作業標準化に当たっては、いきなり標準化に着手せず、まず現場の現状を分析して問題点を抽出する必要があるのです。そのうえで「どのような作業から標準化すべきか」という優先順位を決め、手をつけやすいところから標準化を実践し、そのプロセスにあわせてＤＸの導入を進めます。

なお、自社が起点となっての標準化に加えて、取引先、あるいは業界全体の流れからの標準化に対応するケースも増えています。物流ＤＸの本格的な推進を前にした荷主企業と物流事業者の共通の取り組みとして、パレットの寸法、外装表示、納品伝票などの物流ツールの標準化が求められるというわけです。取引先からの要請を受けて、自社のオペレーションをプラットフォーム化された手順などにあわせる必要が出てくることも念頭に置きます。

標準的な手順を定めて作業時間や作業人員数を明らかにすることで、物流現場のムダ、ムラ、ムリが解消され、さらにその先の目標でもある物流ＤＸを導入するための環境も整備されていくことになります。物流ＤＸというと、「いきなり高額なＩＴ投資が必要になるのではないか」と

図6-1　標準化による物流DX環境の整備

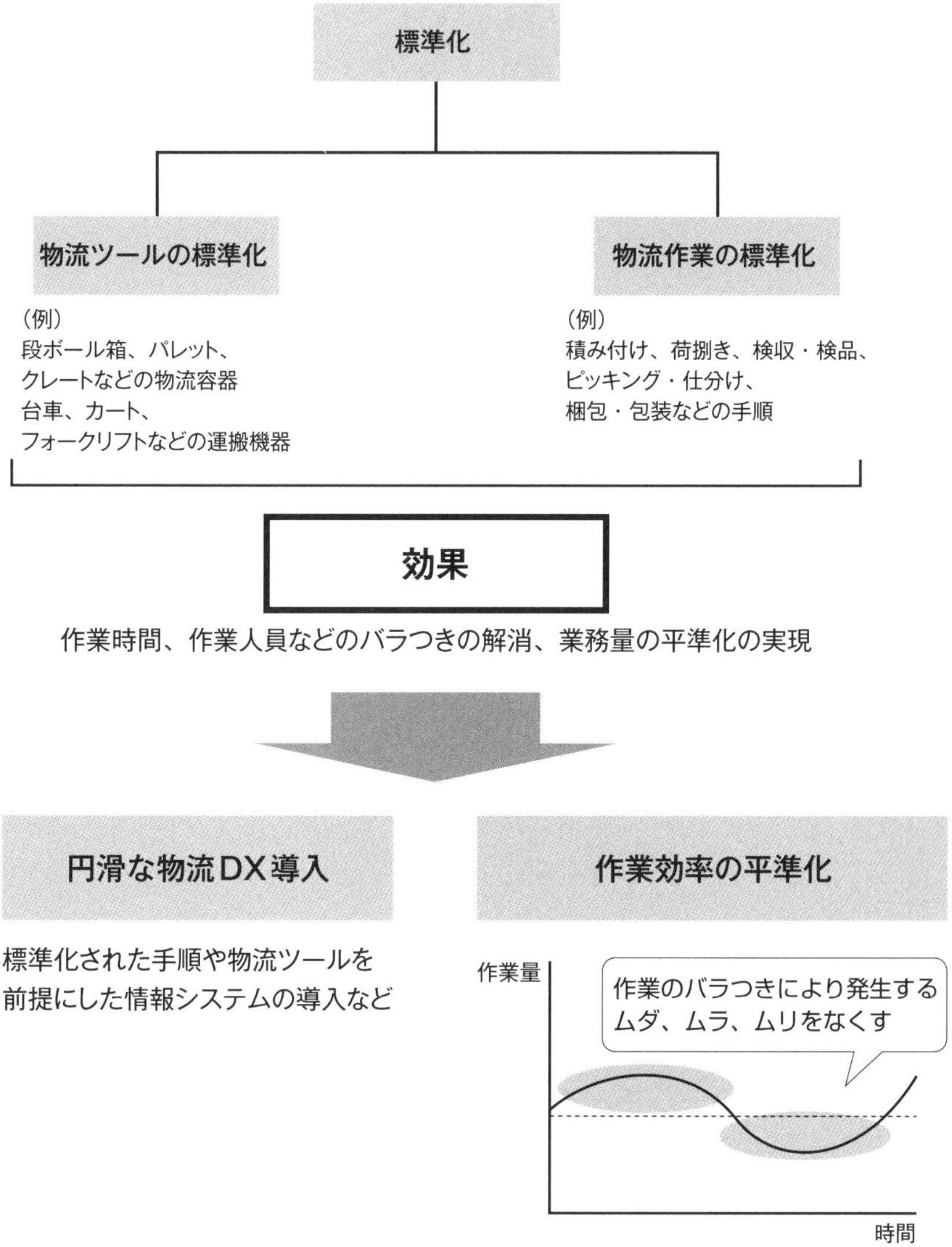
標準化
物流ツールの標準化
物流作業の標準化
（例）
段ボール箱、パレット、
クレートなどの物流容器
台車、カート、
フォークリフトなどの運搬機器
（例）
積み付け、荷捌き、検収・検品、
ピッキング・仕分け、
梱包・包装などの手順
効果
作業時間、作業人員などのバラつきの解消、業務量の平準化の実現
円滑な物流DX導入
作業効率の平準化
標準化された手順や物流ツールを
前提にした情報システムの導入など
作業量
作業のバラつきにより発生する
ムダ、ムラ、ムリをなくす
時間

いう警戒感を持つ企業もありますが、まず標準化を進めて、そのプロセスのなかで自社に不足している問題点を洗い出し、効果的なＤＸの導入につなげていくことで、オペレーション効率もコストパフォーマンスも最適化することが可能になるのです。

さらにいえば、レガシー対策として、可能なものはアナログからデジタルに移行させておくという方針を徹底させることも重要です。作業手順書、作業マニュアルなどは紙ベースで残しておくだけでなく可能な限りデジタル化し、動画、画像、テキストデータなどをクラウドのプラットフォームに上げて、必要に応じて関係者、作業者がアクセスして情報を共有できるように環境を整えておく必要があります。

また、標準化されたツールと標準化された作業手順を紐付けし、たとえば、「サイズ、材質などが統一化、標準化され、現場で使われているパレットを標準化された作業手順、作業時間で適切に扱う」というようにデジタル面からも管理できるようにしておくことも重要です。

図6-2　作業標準化からDXの導入・実装に至るプロセス（例）

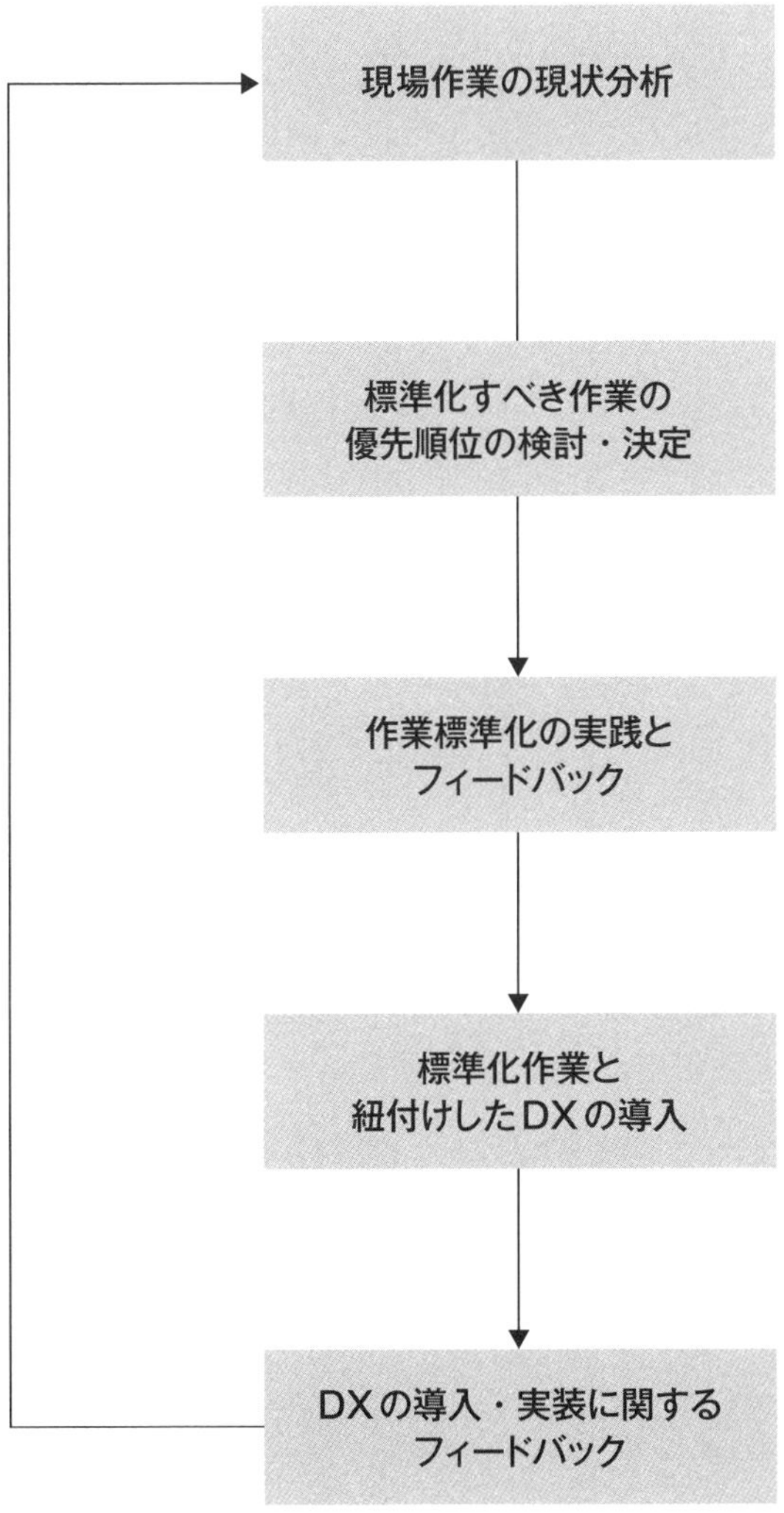

2 平準化の工夫をDXに反映
——作業時間、作業量の変動を抑制

必要な物流改善のグランドデザイン

「物流現場の省人化や無人化を実現し、効率化を実現する」というゴールにたどりつくには、システム導入の前に、作業環境や段取りを整える必要があります。きちんと5S（整理・整頓・清掃・清潔・躾）が導入されていて、見える化が実現できている現場でなければ、情報システムやマテハン機器も本来の機能を発揮することはできません。物流現場の一連の作業のムラが解消されていなければ、効率化も高度化も簡単には成し遂げられないのです。

実際、多くの物流現場にバラつきやムラが発生しており、作業標準化の実現が難しくなっています。本格的な物流システムをいきなり導入しても、入出荷量の変動や作業量・作業時間のバラつきが必ずしも改善されるわけではないのです。

たとえば、物流センターへの入荷量が曜日やピークによって異なる場合、人員配置や作業ローテーション、配車、傭車計画などの調整に悩まされることになります。作業者もベテランばかりではなく、ピーク期間に対応するために加わる作業者がいることもあります。

製造業の場合、原材料・部品などが調達先から組立工場などに入荷される際に、1回当たりの入荷量に大きなバラつきが生じていると、作業時間や作業者数の予測が立たなくなります。入荷検品にかかる作業時間などが日によって異なることになれば、作業者のシフトも組みにくくなります。格納・保管についてもスペース不足となるかもしれません。チャーター便などの手配が複

雑になってコストがかかる可能性や、誤入荷、誤検品、入荷遅れなどのトラブルが出てくる可能性もあります。

「物流量や作業量の調整は簡単にできることではない。むしろ、日々異なる入荷量を見てから作業プロセスを確認するということを習慣にしておく必要がある」。こうした声を聞くことがあるかもしれません。しかし出荷量や在庫量の平準化を緻密な改善計画を立てたうえで推進することで現場のバラつきを抑える必要があるのです。本格的な物流DXなどのシステム導入に先立って、物流現場のムダ、ムラ、ムリを可能な限り取り除き、作業量や作業時間のバラつきを改善する必要があります。

作業時間や作業量を平準化することで、作業者数、作業時間、荷捌き量などのバラつきが解消されていくことになります。「毎日決まった量だけ入荷し、決まった量だけ、決まった人数で決まった作業時間、決まった段取りで処理していく」ということを徹底していくのです。

ただし、平準化を実現するためには、物流改善についてのしっかりとしたグランドデザインも必要になってきます。作業平準化が実現できていない物流現場では、作業効率は著しく低下しています。そこで物量や作業量について大きな変動が頻繁に発生しないような工夫が必要になるわけです。

物流プロセスにおける平準化の方針としてここでは在庫量、運搬・輸送、季節や流行などの波動を見ていきます。

(1) 在庫量の平準化

「企業全体のバランスを考えると必要のない在庫でも、各部署にとっては在庫を抱えるほうが業務を進めやすい」というケースが目につきます。

過剰在庫や過少在庫を回避するためには在庫調整を行います。適正在庫量を設定したうえで、それを念頭に置いた発注量、入荷量、出荷量の調整を行うことで、一定期間内の在庫量のバラつきが解消できます。なお、適正在庫量の設定は需要予測、販売予測、販売目標、キャッシュフロー、在庫期間、リードタイムなどのさまざまな要因を考慮します。

(2)運搬・輸送の平準化

トラックなどによる輸送量、配送頻度に加えて庫内の運搬量、運搬頻度についても平準化を進める必要があります。大量に発注し、大量に輸送し、バッチ処理として大量に庫内で運搬作業を行うというのでは、大きな波動に物流現場が耐えられないということになります。輸送量や配送頻度のムラが抑えられていても、トラックの積載率に大きなバラつきが出ているのではしっかりと平準化が行われているとはいえません。

庫内の運搬については、台車、かご台車、ハンドリフト、フォークリフトなどの積載率や稼働率についても気を配りたいところです。作業者や運搬機器の動線にもバラつきがないように注意する必要があります。庫内のレイアウトを入念に工夫して、運搬ルートが作業者によってバラバラにならないように工夫します。台車運搬とフォークリフト運搬のエリアをしっかり分けて、運搬機器の動線が混在しないように種類ごとに平準化を徹底することも求められます。

図6-3　平準化推進のポイント

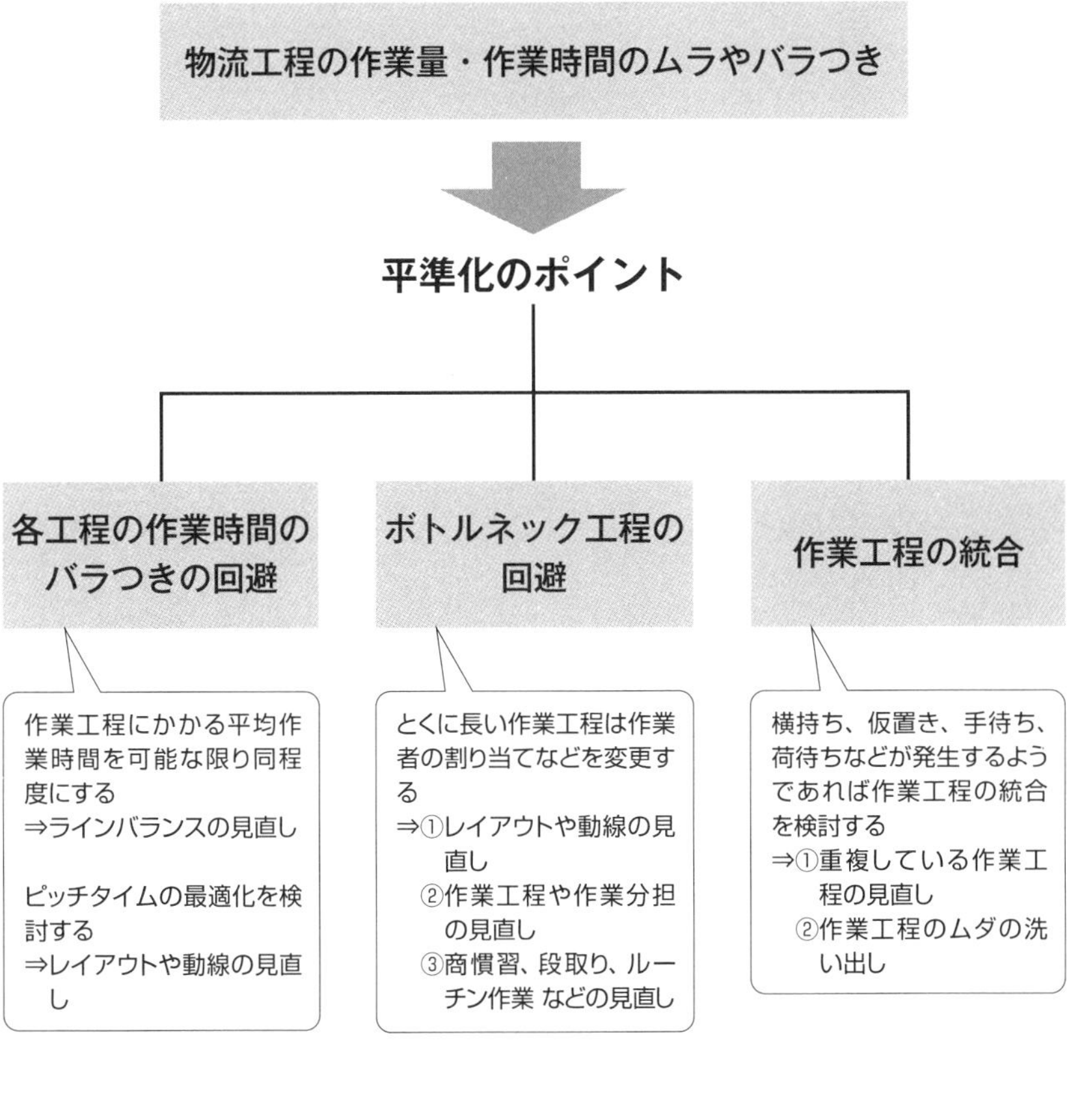
物流工程の作業量・作業時間のムラやバラつき
平準化のポイント
各工程の作業時間のバラつきの回避
ボトルネック工程の回避
作業工程の統合
作業工程にかかる平均作業時間を可能な限り同程度にする
⇒ラインバランスの見直し
ピッチタイムの最適化を検討する
⇒レイアウトや動線の見直し
とくに長い作業工程は作業者の割り当てなどを変更する
⇒①レイアウトや動線の見直し
②作業工程や作業分担の見直し
③商慣習、段取り、ルーチン作業 などの見直し
横持ち、仮置き、手待ち、荷待ちなどが発生するようであれば作業工程の統合を検討する
⇒①重複している作業工程の見直し
②作業工程のムダの洗い出し

(3) 時刻波動・流行波動などへの対応

物流現場にはさまざまな波動が発生します。

日次レベルでは時刻波動への対応が必要です。たとえば、出荷量、出荷先の決定が日によって異なったり遅れがちになったりすれば、トラックの出発時刻が変動し、その結果、入荷や納品の時刻にバラつきが生じてきます。また、荷揃いが遅くなってもトラックの出発時刻にズレが生じ、パレットを使わず手積みを行うと作業時間の目処が立ちにくくなります。週レベルでは、特定の曜日に入荷や出荷が集中すると、人員シフトや作業時間の負荷のかかり方に大きな偏りが生じます。特定の月の出荷量が大きくなることもあります。

流行波動への対応も求められます。ライバル社が対抗する製品を開発したといったことをきっかけに売れ行きが変わり、取扱量が減少するというケースもあります。製品のライフサイクルと流行のピークを見極めていく必要があるのです。

このように、現場レベルで平準化の下地作りを行い、そのうえでＤＸツールとしてデジタルプラットフォームなどの導入を図っていくことが、現場改善をふまえたＤＸ武装の正道といえるでしょう。

3 サプライチェーンの全体最適を念頭に置いた数値化を目指す
――合理的根拠を示して見える化を実現

目標設定の明確化を推進

ＤＸを推進するうえで、社内や現場の目標、業務・作業プロセス、評価・成果などの数値化は欠かせません。「庫内業務を最適化したい」「出荷処理を迅速に行いたい」といった漠然とした文言でひとまずまとめてから数値化するという手順が取られることもあります。

目標を数値化することで、「具体的にどのような手順や段取りのどの点を見直し、どのように改善すればよいのか」という立案が可能になります。あわせて作業工程の進捗状況や水準も数値化して把握するようにします。改善結果なども数値化して客観的な評価に結びつけます。

もっとも「目標の設定やプロセス管理に数字を入れるのはいかがなものか」といった抵抗感を抱かれることがあるかもしれません。実際、数字に対する拒否反応が小さくないケースもあります。けれども、「もっと頑張るようにしよう」「たくさん作業をこなせるようにしよう」といった漠然とした目標しかなければ、改善の目途を立てるのは難しくなります。

さらにいうと、デジタルシフトに当たっての標準化や平準化は数字をベースとして検討されることが多くなります。「標準時間や標準数量はどれくらいか」「平準化する場合の作業量や作業人数はどうするか」といった数字をベースにした議論も出てくるでしょう。ＤＸの推進には標準化、平準化を前提に明確化された数値設定が必要になってくるのです。

多角的な視点からの現状分析が必要

デジタルツイン（前出76ページ参照）を活用すると、リアルな物流現場をデジタルに数値化することができます。これまでなんとなく感覚的に理解、意識していた作業などを、現状分析してそれを数値化していくことになるからです。

物流センター、工場などの数値化を進めるには、まずは現状分析が必要になります。現状分析とその数値化を前提に、物流センターにおける基本的な流れを概観します。

トラックで物流センターに到着した物品は、荷卸しの後に検品されます。ここでは、標準化、平準化に対応して合理的な手順で情報システムを導入するためには入荷量、入荷頻度、検品数などの数値化が必要となります。平均量や変化の幅などを数値化しておく必要もあります。作業者、標準作業時間を明確にしておくことはいうまでもないでしょう。

また、誤検品率を数値化しておく必要もあります。そして入庫登録を行えば、保管数を計上することになります。ちなみに格納前に物品に流通加工が施されることもあります。

出荷指示が出ると、在庫の引き当てが行われます。ここでは在庫量や棚卸精度を把握しておく必要があります。「ピッキングリスト」を発行し、リストに基づいてピッキングを行う場合は、ピッキング行数（件数）、ピッキング作業者数などの把握が必要です。

ピッキングが終わると物品は梱包され、方面別の仕分けが行われます。ここでは、梱包作業時間、仕分け作業時間などの把握、作業数量などを把握する必要があります。出荷検品が終わり、トラックへの積み込みが行われる際は、自社トラック、傭車トラックの積載率、稼働率、実車率なども数値化、可視化の対象となります。

物流の最適化を行うには、こうした物流センター内の一連の作業の流れをふまえながら、物品の需要予測（単位＝数量、日数、金額）、物流施設の立地計画（時間的スケジュールに当てはめる）、輸送計画（トラック台数、走行総距離など）、物流サービス（納期遵守率、納品頻度、配送件数）などについて綿密な検討を行う必要があります。対象となる物品の種類や量、サイズ、アイテム数、目標の年次取扱数や価格を正確に把握しなければなりません。

また、物品の取扱量についていえば年次、月次、日次、さらには時間ごとにどのように変化しているのか、その特性をつかんでおく必要もあります。

現状値を分析して目標値を設定

現状分析、数値化を行ったら、それぞれの数値の意味や理論値を考える必要があります。たとえば、入荷数量、入荷頻度、入荷トラック台数、入荷作業時間など、入荷に関する一連のデータが「現状値」として数値化されたら、その数字を検討、精査していかなければなりません。数量についていえば、一定期間の平均数量、期間中に最も少ない数量、最も多い数量も数値を明らかにする必要があります。また、平準化の目標値設定では、日当たり、時間当たりの作業量や総量一定化の目標値や理論値の設定が必要になってきます。工程ごとに作業時間が異なるようならば構成比も分析しておく必要があります。

そのうえで「この数値ならば問題ない」「その数値ならば改善の余地がある」などと現状値を評価していきます。現状値からの数値の改善が必要ならば、現状値に加え、目標値を設定しておく必要もあります。また、「理想の数値（理論値）は〇〇だが、当面の目標値は××としたい」というケースが出てくるでしょう。現状値を明らかにしたうえで、理論値を達成するためにいくつかのステップ（段階ごとの目標値）をクリアしていくのです。

なお、経済産業省の「ＤＸレポート」では、「ＤＸ推進指標」が設定されています。定量指標は「ＤＸ推進の取組状況」と「ＩＴシステム構築の取組状況」に分類され、製品開発スピード、新規顧客獲得割合、アジャイルプロジェクトの数（件）などが項目に含められています。「ＩＴシステム構築の枠組み」の定性指標も設定されていて、定性的な評価をいくつかのレベルに分けて、そのレベル数値を指標にするというやり方が取られています。

もちろん、何から何まで数値化しなければならないというわけではありません。サプライチェーンのそれぞれの現場環境の特性を理解したうえで、まずはできることから数値化を実践していくことが大切です。

図6-4　デジタルシフトの手順（例）

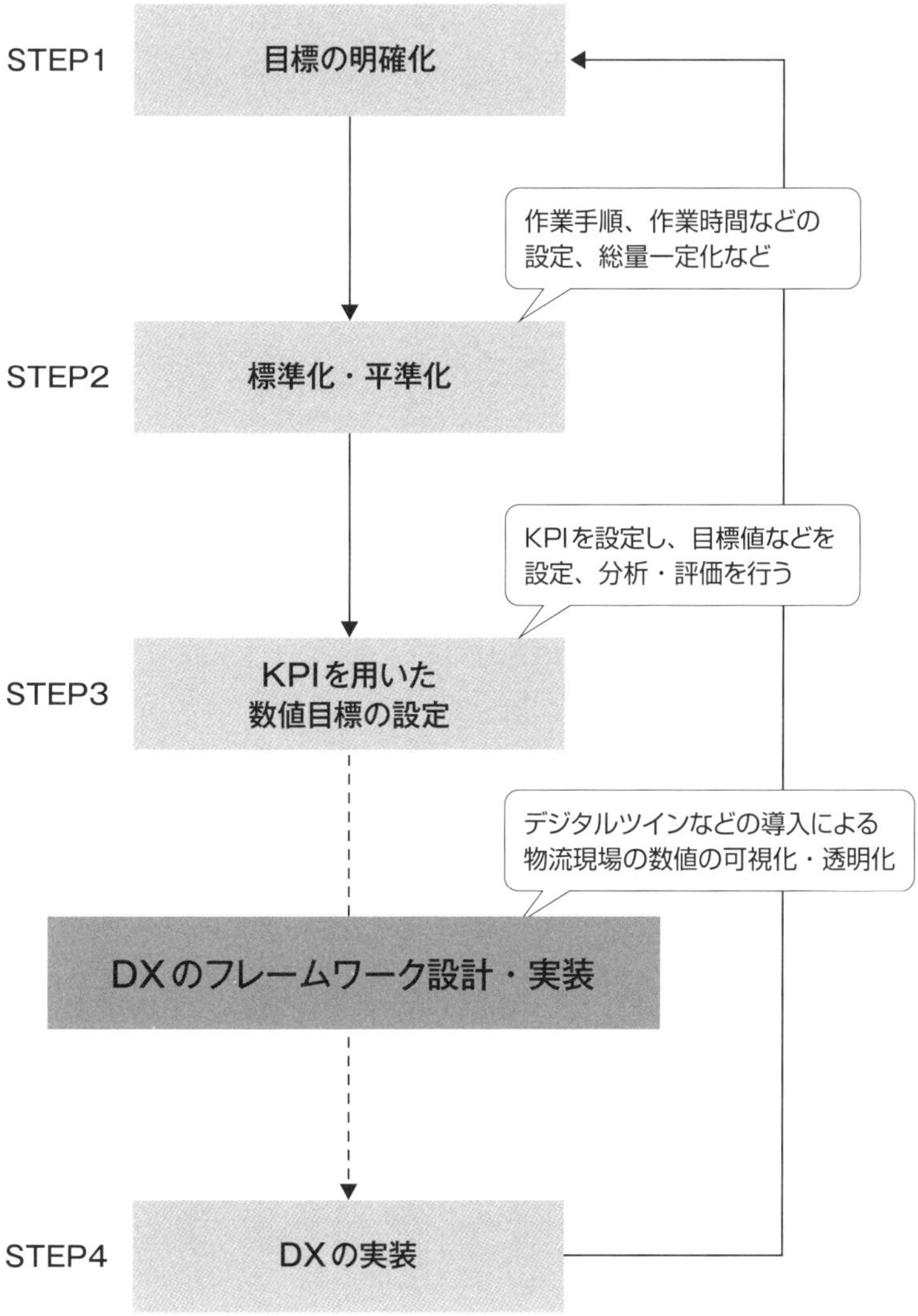
STEP1
目標の明確化
作業手順、作業時間などの
設定、総量一定化など
STEP2
標準化・平準化
KPIを設定し、目標値などを
設定、分析・評価を行う
STEP3
KPIを用いた
数値目標の設定
デジタルツインなどの導入による
物流現場の数値の可視化・透明化
DXのフレームワーク設計・実装
STEP4
DXの実装

4 物流改善のためのデータ分析 ――デジタル媒体への転換を推進

効果的な物流KPIの導入

物流領域でKPIにより数値化されたデータは、デジタル化されるだけではなく、物流改善などにも活用されていくことになります。

物流現場ではこれまで、コストパフォーマンスを念頭に物流現場の現状把握や改善が行われるのが一般的でした。

しかし、たんにコストを削減するだけではなく、物流領域のオペレーションに関する一連のKPIがバランスよく適正値を満たす必要があります。例えるなら、ダイエットをして体重を落とすだけではなく、血圧、血糖値、コレステロール値などが正常値内に収まるように健康を管理することに似ています。そのため、数値化された現場データなどから「どの数値が適正で、どの数値に課題があるのか」ということを把握し、改善活動に結びつけていく必要があります。

物流現場のデータはKPIに落として、標準化や平準化に活用するだけでは不十分といえるでしょう。物流DXの導入、推進により必要なデータが可視化、透明化されても、そのデータを活用して改善や発展に結びつけていかなくては、十分な恩恵が得られているとはいえないのです。

たとえば在庫適正化の場合、出荷量などをKPIとして参考にして方針を決めていくことがあります。出荷量、納品量などの見定め方によって過剰在庫や過少在庫が発生してしまうことに留意する必要があるわけです。作業の標準化を実現し、物流量の平準化に取り組みつつ、適正在庫実現に向けた方策を立てていくのです。

さらにＤＸ推進の視点からは、在庫管理のデジタル化と連動させて請求書、見積書、納品書の発行を紙媒体からデジタル媒体に転換したり、販売管理システムなどとの連携を推進したりしていくことになります。

物流ＤＸ導入のためのプロセス

ＤＸの導入を前提とした物流現場の現状分析と改善のプロセスは次のようになります。

ステップ１：現状分析

「どのような製品で過剰在庫が発生しているのか」「欠品はどの製品で発生しやすいのか」といった在庫についての現状を確認し、それをデータ化します。そのためには実地棚卸や出荷頻度別の分析を行います。

たとえば出荷頻度（ＡＢＣ）分析では、Ａ品目（高頻度出荷品）、Ｂ品目（中程度出荷品）、Ｃ品目（低頻度出荷品）、Ｄ品目（デッドストック）を見極め、それぞれの保管ロケーションを決めます。Ａ品目ならば出荷頻度が高くなることを考え、出荷バースに近いエリアに保管するといった具合です。品目ごとにカテゴリー、アイテム数を管理することで在庫環境を向上させ、過剰在庫を防ぐことができます。どれくらいの出荷量なのかということがわかれば商品ごとの在庫管理を綿密に行うことが可能になり、過剰在庫を削減することもできます。

一例としては、Ａ品目については出荷量が多いので安全在庫を多めにして欠品を防ぎます。Ｂ

品目についてはこれまでの出荷実績をもとに適正在庫量を決めます。C品目については、在庫を最小限とするか、あるいは在庫を持たず、受注生産とする選択肢もあります。D品目については思い切って廃棄処分とします。

在庫拠点が複数の場合は重複在庫を避けるなどの目的からデジタルプラットフォームで情報共有を実践することになります。そのうえで品目ごとに適正在庫量を設定していくことになります。

ステップ2：適正在庫量の設定

現状分析のデータをもとに保管エリアの在庫をA品目、B品目、C品目、D品目という出荷頻度別に分類し、ロケーション管理を行います。そのうえでそれぞれの品目について分析ツールなどを活用して適正在庫量を設定していきます。

ステップ3：在庫の適正状態の継続

「適正在庫量は一度設定したら変更しない」ということではありません。出荷量は季節波動や流行波動、あるいは景気などの影響を受けて変化していきます。出荷頻度はその都度、チェックしていく必要があります。

たとえば出荷頻度が下がれば、適正在庫量を減らしたり、受注生産に切り替えたりするなどの対策を講じることになります。また、期末に在庫調整をしたものの、翌期にリバウンドで在庫が増えてしまうということもあるかもしれません。さらに、適正化された在庫量を継続的に維持していくためのモニタリングも大切です。つくり過ぎのムダや安全在庫の積み増しなどが発生しな

図6-5　物流改善に向けての手順

物流改善の尺度

物流コスト管理

物流コストを可能な限り明確につかむことで、物流システムに潜む課題、問題点を浮き彫りにし、それをステップに物流改善を進める

- 物流改善を進めるにあたって、まずは自社、あるいは改善を担当する対象企業の物流コスト（売上比）を把握しておく必要がある

物流KPI管理

安全・品質、リードタイム、生産性などの管理項目を物流プロセス別に設定し、調達、輸配送、センター運営などのそれぞれのフィールドにおける達成度を KPI を通して診断する

- 客観的に理解できる尺度によって、物流改善の程度を把握できることが望ましい
- 目標とするデータ、数値などがなければ、物流改善を進めるにあたってもその達成目標レベルも見えてこない
- したがってロジスティクスの高度化、物流改善などを適切に進めるためには課題・問題点を定量的なデータで把握し、その数値改善を図っていく必要がある。物流KPIの導入で客観的に自社の物流のレベルを把握できる

いように常に注意を払う必要があるのです。

データ分析は近未来にはＡＩが主流になっていくが……

デジタルシフトへの流れのなかでデータ分析の重要性は高まるばかりです。データサイエンスの視点から、ベイズ統計などの応用、ＡＩの活用、複数分野をまたぐビッグデータアライアンスなどが進んでいます。デジタルツインなどとのリンクを進めれば、物流現場のデータ収集、データ分析はこれまで以上にスムーズに行われていくことになるでしょう。物流領域の改善がこれまで以上にロジカルで、定量的なデータで行われる時代になったともいえます。

ただし、「改善はＡＩに任せきり」という時代にはもう少し時間がかかりそうです。まだまだ手作業が中心の物流現場も多く、紙と鉛筆と頭を使って改善の方向性を練っていくという状況が続くことも考えられます。けれどもＫＰＩを導入した数値化で物流現場の可視化、標準化、平準化を進め、物流改善を実現していくことで、ＤＸ導入という扉も自然に開いてくるはずです。

5 急がれるデジタル人材育成の充実——物流DXにも戦略にも精通する必要性

求められる文理融合型のITエンジニア

DX武装の進展に伴い、物流領域におけるデジタル人材不足はさらに拡大することが懸念されています。デジタル化社会の本格到来にあわせて、専門的な育成システムの構築が必要になっているともいえるでしょう。

DXの推進に貢献できる人材という視点から考えると、デジタル化に強い、SE（システムエンジニア）やプログラマーの素養は不可欠です。ただし、DX環境の急速な浸透を受けて、ITリテラシーの質も相当変わってきています。プログラミング言語でいえば、これまで主流とされてきたC言語やJavaからPythonなどへの移行が急速に進んでいます。

Python自体は決して難しい言語ではないのですが、求められるプログラミングの内容自体が変わってきています。

たとえば物流管理や生産管理で用いられるAIや機械学習などを活用したアプリケーションでは、その概念の段階で数理モデルが使われていることがあります。レガシー化からの脱却という方針からも、既存のサイロ化したモデルとは異なるロジックによる数理モデルの構築も求められてきます。ところが、文系出身のプログラマーやSEだけだとプログラミングのベースとなる数式が理解できなかったり、逆に理系出身の場合は数理モデルの理解に重きを置きすぎて全体が把握できなかったりすることもあります。

さらにいえば近年、重要性を増している統計学に関する理論武装の充実も必要です。一般的には、頻度主義の統計学が主流で、大母数から抽出した標本集団を使い「確からしさ」を推定しますが、データサイエンスやＡＩなどの理解にはベイズ統計（主観確率を用いる統計概念）が不可欠です。

言い換えれば、人材のバックボーンと社会環境の間にズレが生じているのです。文理融合的な思考法を持つＩＴエンジニアが必要とされていることに対して、デジタル人材の供給元となる大学や企業研修機関が対応し切れていないともいえるでしょう。

大学教育についていえば、文系でも微分積分や線形代数などに力を入れたり、ベイズ統計などの講義を充実させたりする必要があります。他方、理系でも経済学や経営学に関連する科目をビジネスなどに役立つかたちでこれまで以上に増やすなどの工夫も求められます。

そして企業としては、営業に理系出身者、システム開発部門に文系と理系というようにたすき掛けで配属し、ＯＪＴ（オンザジョブトレーニング）の充実などで文理融合型の人事を導入するなどの方策を進める必要もあるでしょう。

デジタルベースのロジックを重視

アナログ的な考え方や技量からデジタルベースのロジックやスキルに転換していくこともＤＸの導入にとって大切です。ＤＸによるクラウドネイティブのデジタルプラットフォームの活用を図るのです。

複数の中小規模の物流拠点を大型拠点に集約するという物流ビジネスモデルは珍しいものでは

なくなりました。

これまでは勘と経験で「これくらいの規模の拠点を集約すれば、効果が出るはず」といった見通しだけでうまくいっていたケースも少なくありませんでした。レガシー的な営業にアナログ的な対応を積み重ねていくことがよく行われていました。

ところが、DXが進む状況では、より緻密な営業努力が求められるようになってきました。データサイエンスを活用して、複数の在庫拠点を大型拠点に集約した場合の在庫削減や輸送ネットワークの再構築の構図や効果を、コンピュータシミュレーションなどで明らかにするといったことが求められるようになりました。

もちろん、そのバックボーンには物流の知識や実務経験が求められます。まったくの机上の空論としての分析ではなく、実務知識に根差した分析力やビジネススキルが求められてくるわけです。

社会人教育へのPBLの導入

デジタル人材は複数分野、業際的、学際的な知識と経験が求められています。米国式のMBA教育をベースにディスカッションやプレゼン力を強化する研修が用意されることも多いようです。

さらにいえば、人材育成も詰め込み型で座学中心のレガシー教育からの脱却が望まれます。DXが中心となる人材教育では細かい知識の習得よりも、臨機応変な対応力や状況によっては常識や慣習にとらわれない柔軟な発想力が求められます。また、個人ワークのように見えて、幅広い専門性を共有できるようなかたちでのグループワークも求められます。「あの人は何でも知っているからデジタル人材として最適だ」というわけではないのです。

そうした状況に対応する研修手法として近年、注目されているのがＰＢＬ（問題解決学習）です。

物流領域の実務経験がないプログラマーやＳＥが、ロジスティクスの概要や基本的な業務フローを理解するには時間がかかります。専門性の高い文献や資料と概念的な内容が中心の講義や研修だけでは効果にも限界があります。そこで実務体験に準ずるかたちで与えられる課題をグループワークにより解決するＰＢＬの導入が有力な解決策として考えられています。デジタル人材教育をＰＢＬで行うことで課題解決の一連のプロセスを実務と仮想して経験できるのです。

研修の対象者は、ロジスティクスの実務の流れを小グループでの議論、考察、デジタルベースの共同作業や他グループの前でのＤＸ活用のプレゼンテーションなどを介して理解していくことになります。その結果として、たんなる知識としての理解にとどまらず、実務への高度な対応力を身につけることが期待できます。知識やスキルのアップデートを定期的にやらないと、教育・研修自体もレガシー化してしまうような分野では、ＰＢＬが有効と考えられています。

実際、欧州では、ＰＢＬを導入したロジスティクス教育が、大学院などで行われているケースもあります。プログラミングに関する基礎講習とロジスティクス入門講座などを受講した対象者を小グループに分け、それぞれにアドバイザーをつけたうえで課題を出し、グループとしてソリューションを考えさせるのです。課題は実務状況にあわせて提示します。たとえば「大都市圏に相当数の店舗を持つ小売チェーンの輸送ネットワークの構築、拠点のロケーションと在庫政策を考えて、企画書を作成する」といった課題が与えられ、可能な限り具体的な分析をもとに作り

図6-6　DX時代に求められるデジタル人材

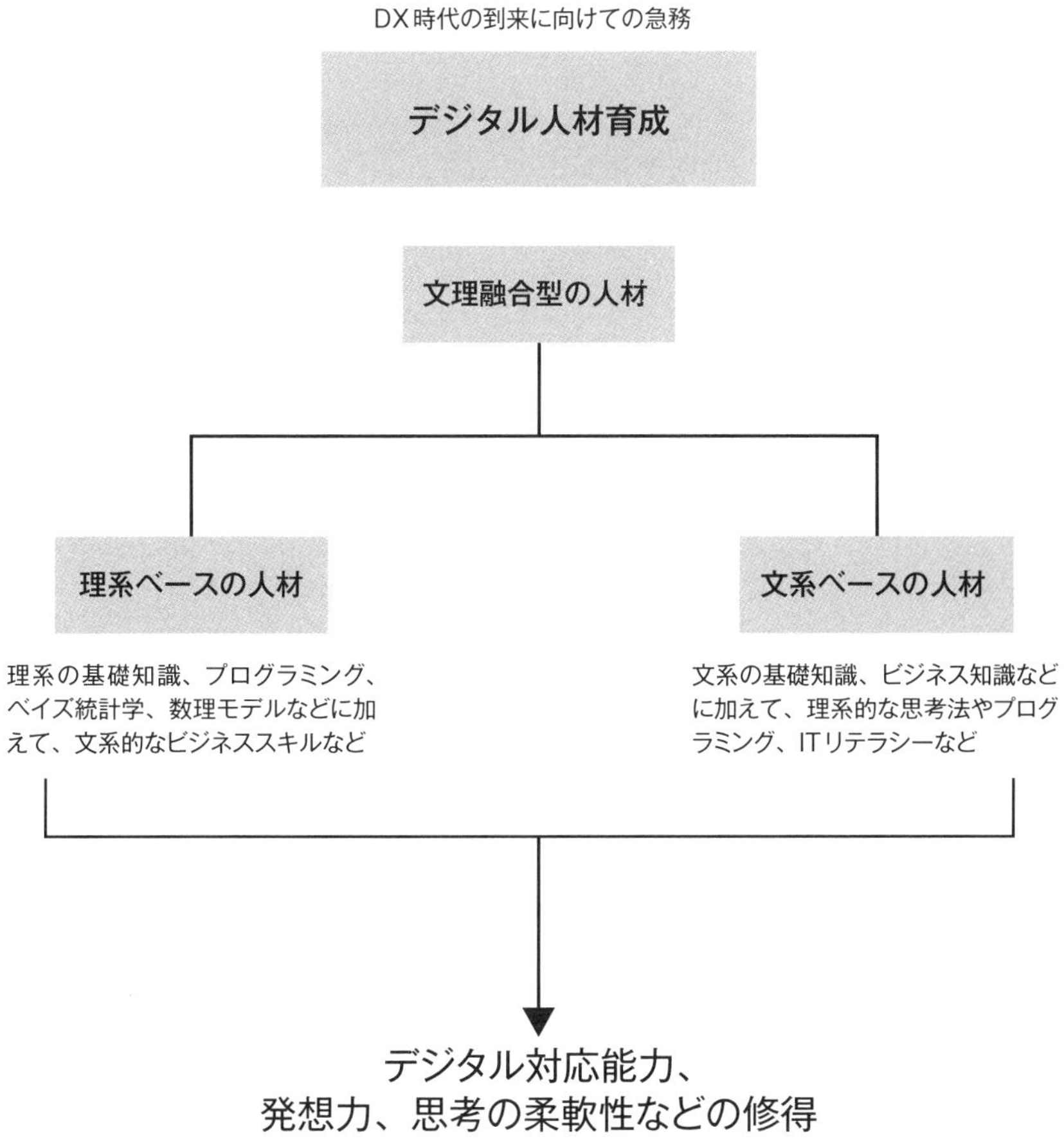

上げていくのです。デジタル関係や物流以外の領域、他分野の人材も参加させて、海外の人材ともオンラインでつないだりすることで応用範囲は広がります。

旧来の考え方ではデジタル人材というとＤＸに関わることは何でも知っているエンジニアがイメージされたかもしれません。しかし、ますます高度化しつつあるＤＸ時代には、別の角度の能力や資質が求められるともいえます。デジタル人材育成もまた、従前のレガシー化しつつあるやり方からの脱却が求められているのです。

第7章

サプライチェーンにおける
DXテクノロジーの展開

1 スタートキット――デジタル化がビジネスモデルを変える

社会のデジタル化が進み、社会活動、企業活動については、B2B、B2Cを問わずに、モバイル、クラウド、IoTといったデジタルネットワークへの依存度がますます高まっています。大手携帯通信キャリアのエンジニアは、近年爆発的に増加したデータ通信トラヒックに対応するために、ネットワーク設備容量の拡大に追われています。また、デジタルネットワークでは、機能要件の異なる多様なユースケースへの対応や、異なる品質要求に応えるための保守・運用が、複雑化、煩雑化しています。万が一のネットワーク設備トラブルの発生時には故障原因の特定と回復に多くの時間がかかります。その社会的影響は甚大です。携帯通信キャリアのネットワークダウンが起きると、社会活動や経済活動が途方もないダメージを受けることになります。

人的操作ミスによる事故や設備故障が全く発生しないネットワークなどは存在しません。その対策として、これまでの集中的な機能配備とは異なり、重要な機能を持つネットワークの中枢部分を分散的に配置し、さらには公衆網や自営網をハイブリッドに利用することにより、故障発生時の悪影響を分散するというやり方がとられるようになってきました。加えて、アナログ電話サービスのネットワーク構築から離れ、デジタルを基盤とした、柔軟かつ強靭なクラウド型のモバイルネットワークの構築が目指されます。ネットワーク機能をAPIで外部に提供するシンプルな構成のため、故障からの迅速な回復が可能となり、結果としてそれがBCP対策にもなるのです。

このように、クラウドベースのデジタルシフトで社会インフラもビジネスモデルも一変しようとしています。

情報武装に取り残された日本

社会環境の変化で、「非接触」がキーワードとなりました。そして非接触と相性がよいということでデジタル化も大きく進展しています。オンライン会議、オンライン授業、スマート工場、デジタル店舗、そして無人化する物流センターといった具合に社会は非接触環境に向けて大きな舵を切りました。膝と膝を突き合わせて打ち合わせや交渉を進めていく時代はもはや過去のものになろうとしているのかもしれません。

ただし、我が国がそうしたデジタル社会へ向かう流れのなかの先頭に立っているかというとどうもそうではないようです。我が国のGDPも個人所得も、そして人口も、もはやピークを過ぎた感が強くなりました。「デジタル化競争というものがあるとしても、日本はもはやトップランナーではない」ということになります。

米国は産業構造を製造業からIT産業にシフトさせてきました。シリコンバレーから多くのIT企業、そしてビッグテックが誕生し、世界経済の中枢に君臨しようという勢いです。

中国もデジタルシフトを加速させ、DX大国としての地位を確立しています。日本は技術面でも完全に後手に回ってしまいました。さらにいえば半導体産業で世界に君臨するTSMCを擁する台湾や電子部品の世界最大のメーカー、サムソン電子を抱える韓国などもデジタル化では日本の先を行っているようにも思えます。

近未来を考えると、我が国のDX産業に逆転の目はあるのでしょうか。現状の流れをそのまま引き継いでいくならば、その可能性は低いかもしれません。

クラウドシフトを軽視した日本のＩＴ業界

クラウドコンピューティングが普及した理由にはいくつか考えられますが、その一つがモバイルネットワークの高速化、大容量化です。

モバイルネットワークでは、21世紀に入って４Ｇシステムが普及しました。３Ｇシステムに比べ、通信速度で２桁以上の高速化を果たした４Ｇネットワークと４Ｇ対応スマートフォンの存在がなければ、ユーザーはＳＮＳやシェアリングといった便利で使いやすいクラウドコンピューティングの恩恵を享受することはできませんでした。

ビッグテック企業の快進撃には、モバイルネットワークの高速化という技術的背景がありました。その結果、クラウドコンピューティングは、それまでのオンプレミスを中心としたレガシーなＩＴサービスを凌駕してしまいました。

そして我が国はこの競争に完全に後れを取ってしまったのです。「クラウドコンピューティングはセキュリティに課題が残るし、日本には時間をかけて構築した、しっかりとした安定的な情報システム基盤がある。無理にクラウドに移行させる必要はない」と総務省も民間もクラウドコンピューティングを軽視してきたのです。しかしいまや、クラウドの導入分野は、ＩｏＴやデジタルツイン、財務サービス、ヘルスケア、小売、教育などはもちろん、国防分野にも拡大しています。さらにクラウドもパブリッククラウドに加え、エッジクラウドも普及し、システムとしてのレベルも相当な高度化を遂げています。

物流領域においても、クラウドコンピューティングはもはや標準仕様となりつつあります。我が国でもここにきてクラウド対応に各企業が力を入れ始めました。しかしグローバルな視点から見れば大きく出遅れていることは否定できないのです。

物流デジタル化の罠

デジタル化のプロセスを改めて3段階で考えてみましょう。

第1段階はセンサーやIoTデバイスを活用したアナログからデジタル化によるデータ収集や見える化です。アナログ媒体をデジタル媒体に変換することでビッグデータの収集も容易になりますし、数値化やデータ分析もやりやすくなります。物流の可視化においても必要なプロセスです。

第2段階では、個々のデータを統合して業務全体のデジタル化を目指します。物流でいえば、輸送のデジタルデータと在庫のデジタルデータのアライアンスを図るなど、サプライチェーン全体でのデジタル化を進めます。日本企業の多くはこのプロセスで苦労しています。その最大の理由としてはこれまでの章で何度か説明してきたレガシーシステムからの脱却が遅れていることがあげられます。

そして最終段階としてはビッグデータをデジタル活用することによるビジネスモデルや経営戦略の変革です。ただし、この段階まで達しているのは、米国や中国のビッグテックくらいで、多くの日本企業は大きく出遅れています。日本企業のDX武装の先行きを考えると、不安しか抱けないというのが本当のところなのです。

2 導入事例から見るDXプラットフォームの進捗
――サプライチェーン全体をカバーするRFタグの可能性

「DXタグ」による物流の可視化

ＤＸタグとはレンタルパレット大手のユーピーアールが開発した市販乾電池で最大10年間という長期間の動作が可能なＲＦデバイスです。

ＤＸタグから得られるＩＤ情報、温度情報、振動情報は、無線リーダーなどを介してモバイル回線を経てインターネット経由でデータベースに通知され、データとして保管されます。データはリアルタイムで更新されるため、解析、分析することにより、パレットやかご台車などの物流機器の管理のみならず、精密機材や部品類の固定資産管理用途などにも有効なデバイスとなります。ちなみにＤＸタグの発信する電波を増幅するリピータは、受信感度の閾値《しきい》を設定することにより、タグとの通信距離を、目的や環境に応じて最適化することが可能です。ＤＸタグの送信出力はきわめて小さく、電波干渉の可能性もほとんどないため、これまで使用が限定されていた病院などでの医療機器の在圏の確認や在庫管理にも活用できます。ＤＸタグはピンポイントの位置精度はありませんが、屋内や施設内での機器や物品の管理には適しています。

ＤＸタグの技術的特徴は次の通りです。

・目視不要

タグ本体が９２０ＭＨｚ電波を発信するため電波到達距離が３００メートルと長く、タグに接近することなく、目視不要で自動的にタグの情報を取得することが可能になります。

・在庫確認の自動化

人的な手順不要で一瞬にしてタグの情報を読み取り、リアルタイムで数的情報を把握可能。エリアを限定した場所での数量の確認や動作状況の把握も可能になります。

・稼働状況の把握

内蔵した振動センサーにより振動データから静止、移動中などのステイタス把握が可能。DXタグを備品や製品に装着することにより、製品のリース状況などを判断します。

・温度の把握

内蔵する温度センサーにより、それぞれのDXタグ周辺の温度を把握することが可能になります。

通い箱やかご台車のリアルタイム在庫管理

大手A社では、パソコン運搬用の通い箱やかご台車を10万個単位で保有しています。全国に数百か所の営業所があるため、各営業所はサイズの異なる通い箱やかご台車を保有し、日次レベルで数量管理しています。これらの通い箱やかご台車にDXタグを装着し、各営業所に無線リーダーを設置することにより、課題になっていた在庫偏在による過剰購入や営業所ごとの在庫不足を解消することが可能になります。

空のかご台車の数量をリアルタイムに全国レベルで把握することにより、回転率も算出できるため、かご台車の「から配送」による営業所間のムダなトラック輸送が回避できます。不要な通い箱やかご台車を除却することにより、結果として営業所のスペースの効率化が可能となります。

空港カートのリアルタイム管理サービス

空港カートは、利用した使用者が利用後に放置することが多いため、空港の管理運営者はその位置の把握と回収に多大な労力を割いており、運営上の課題になっていました。

空港の中心部にリーダーを設置、空港カートにDXタグを設置し、リピータをカートが滞留しやすい場所やコーナーに個別に設置しておくことにより、そのリピータ周辺に存在する空港カートのIDと個数をリアルタイムで把握できます。これにより、空港運営者はカート管理の労力を大幅に削減することができています。

ある国内空港では、450台の空港カートをリーダー1台、リピータ20台で、出発ロビー、到着ロビー、多層階建て駐車場などのほぼ完全に空港内の施設をエリアカバーしています。駐車場は、複数階構造のため、各階にリピータを1台ずつ設置します。

基本的に、空港の建物構造は、金属の壁や遮蔽物《しゃへいぶつ》が少なく、円筒のホール形状に設計されているので、電波伝搬上の障害物が少なく、電波伝搬特性が良好なため、少ないインフラ設備で十分なエリアカバレッジが達成できます。

DXタグにより、カートの在圏位置だけではなく、実際のカートの稼働状況も把握することが

図7-1　920MHz帯DXタグの機能と効果

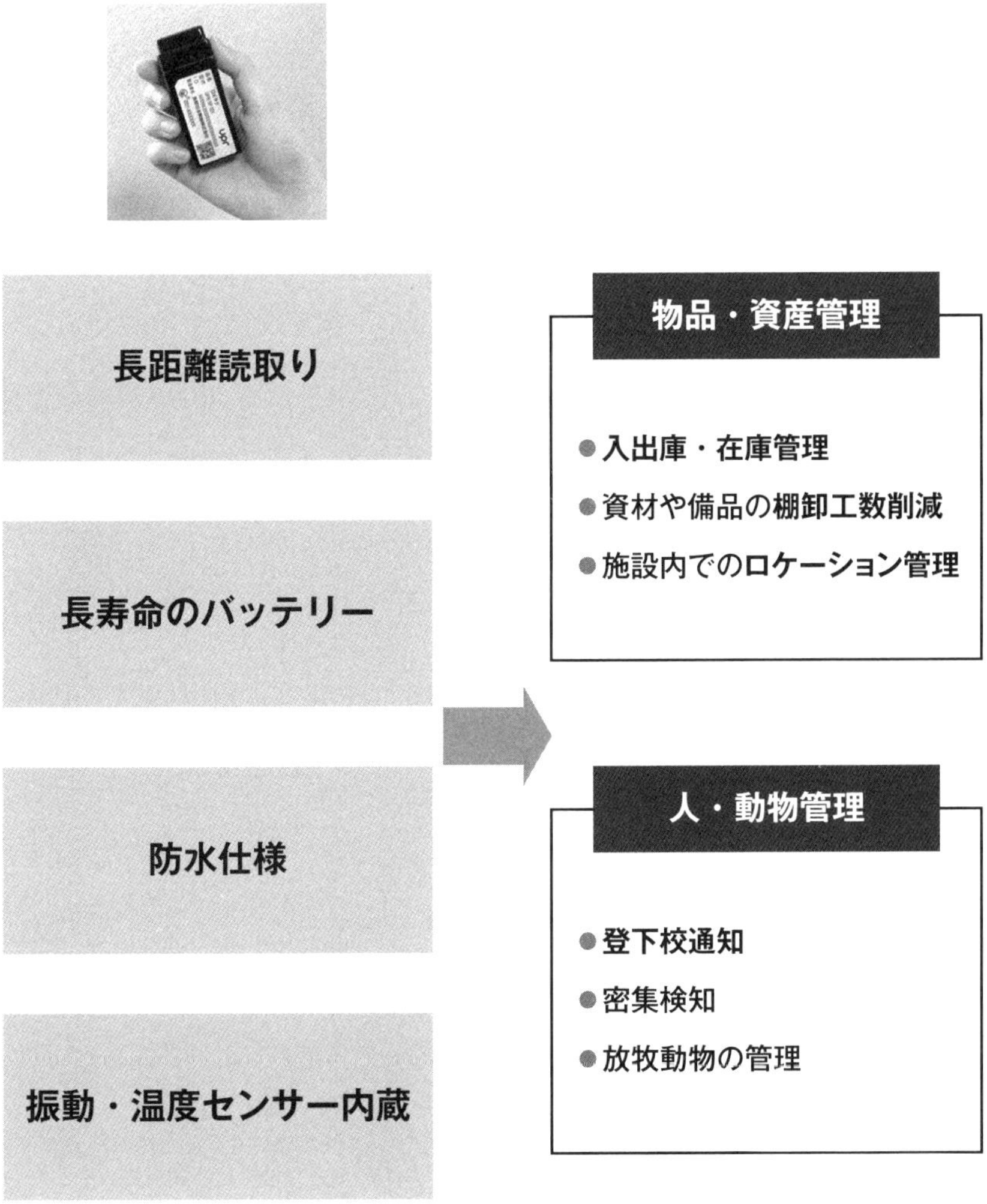

できます。振動センサーデータを解析することにより、たとえば1か月間一度も使われないカートがどれかを検出することができます。また、カートの移動履歴も把握することができるので、不要なカートは別の空港に回すことも可能になります。

牧場における牛の動態管理サービス

国内のある牧場では、場内の牛の状態監視が課題になっていました。携帯回線と組み合わせたGPS端末を牛に装着することは重量的にも牛に負担があること、通信回線料金が頭数分発生し運用コストがかかること、数日ごとにGPS端末を回収し充電する必要があることなどが、普及の妨げになってきました。

DXタグは、軽量で、電池交換や充電が不要であり、タグ単位の通信料金がかかりません。郊外の放牧場は、屋外で障害物もなく電波伝搬特性も良好なことから、少ない初期投資で十分なエリアカバーが可能となるのです。

「動く基地局」による物流DXプラットフォーム

将来的には、無線リーダーをトラックに装着し、紙媒体の伝票をDXタグに置換することが実現できれば、荷物の状態を無線リーダ経由でデータベースに収集することが可能となります。DXタグによるネットワークが完成すれば、小売業や流通業の現場での活用の幅も無限に広がります。

3 デジタル化が進むマテハン機器の進化
——無人搬送フォークリフトを軸に庫内の完全自動化を推進

物流デジタル化の進展とともにマテハン機器が大きな進化を遂げようとしています。IoTやエッジコンピューティングの発達で無人搬送フォークリフトやスマートパレットなどとの連携が進み、マテハン機器の完全自動化や自律的なプログラムの導入が可能になってきています。受発注と連動したかたちで自動倉庫が出庫・入庫オペレーションを円滑に稼働させ、RFタグとリンクしたパレットに積載された貨物がそれに紐付けられるかたちで見える化されているのです。

この流れに参入したのが豊田自動織機です。フォークリフトを軸にマテハン事業を強化しようと、米国のマテハン機器メーカーのバスティアン社、オランダのファンダランデ社を買収しています。

豊田自動織機の主力はフォークリフトでしたが、自動倉庫やソーターにも力を入れ始めています。その大きな理由として考えられるのはネット通販市場の急速な拡大です。完全自動化に向けて進み出した物流オペレーションの主戦場がネット通販となる可能性は相当に高いので、豊田自動織機も戦略上、ネット通販市場を重視しているのです。

なお、ファンダランデ社はアマゾンやフェデックスのフルフィルメントセンターの庫内システム、主要国の国際ハブ空港の旅客手荷物処理システムになどにも関わっています。

たとえば、アパレルのネット通販大手ZOZOはファンダランデ製の吊り下げ式高速仕分けシステム「ポケットソーター」を導入しました。ピッキングされた品物を「ポケット」に入れれば梱包エリアまで自動搬送されるので、従来と比較すると作業者数の半減ができるとしています。

クロスベルトソーターも注目されています。クロスベルトソーターは品種別、方面別の高度な仕分け機ですが、多種多様な形状、大きさの荷物を柔軟に扱えるように荷物の長さに応じてモーター速度が自動調整されます。物流センターの完全自動化、無人化の大きな推進力となる可能性も秘めています。

他方、バスティアン社は、物流ソフトウェアの開発能力に優れ、同社はマテハン機器の制御や管理の優れたノウハウを持ちます。

マテハン機器各社の動向をみると、物流センター内の無人化や完全自動車に向けてのシステムインテグレーション、ネットワーク構築などがますます重要となるのは必至の情勢と考えられます。

注目される物流ロボットの導入

豊田自動織機は、自動積み込み、荷卸しを可能にするアンローディング／ローディングロボットによる自動荷役のインフラ構築も提案もしており、たとえば菓子製造業、ベビーケア用品製造業などに導入されています。異なるサイズの段ボール箱の梱包などはネット通販にも対応すると考えられています。

物流ロボット分野は今後の成長分野と考えられますが、なかでもＡＧＶ（無人搬送車）の進歩にはめざましいものがあります。例をあげると台車型物流支援ロボットの「ＣａｒｒｉＲｏ　ＡＤ」（ＺＭＰ社）には自律移動機能が搭載されています。作業者に後続する追従機能に加えて、柔軟なルート設定が可能です。導入により作業者が歩行搬送することなく、無人搬送するしくみが出来上がります。

ＡＧＶについては、シャープなどもパレット荷役に対応できるタブレット端末で操作可能なハンドドリフト牽引型を開発しています。パレット、かご台車などの牽引を無人で行うことが可能で、無人搬送フォークリフトの導入が難しい庫内オペレーション環境にも対応できるようになっています。

なお、ＮＸグループは無人搬送フォークリフトと自動垂直昇降機を連携させて、夜間の出荷準備作業の自動化を行っています。深夜時間帯でパレットの自動搬送を実現し、残業時間の大幅な削減を行ったとの報告もあります。

また、求荷求車システムの運営などを行う総合物流企業のトランコムもＲＧＶ（有軌道無人搬送台車）を用いた自動倉庫にＡＧＶを組み合わせた庫内搬送システムを構築し、次世代型の物流センターに向けた取り組みを進めています。ＡＧＶをピッキングエリアで活用し、その上部空間をＲＧＶを導入しての在庫保管エリアに設定して、空間の有効利用を図っています。ＢＣＰ対応として、災害時には人手による操作も可能としています。ＲＧＶ、ＡＧＶの導入により従来比でコストは３分の１となり、大幅な省人化を実現しました。

このようにＡＧＶなどに代表される物流ロボットの導入が今後の大きなトレンドとなっていくことは間違いありません。もちろん導入にあわせて、一連のプロセスのデータの可視化、数値化も進んでいくことになります。すなわち物流ロボットは物流デジタル化、ＤＸ武装の入口の役目を果たしているのです。

ＤＸ環境のイメージを増幅

さらにこうしたＤＸテクノロジーを裏打ちする動きも出てきています。

たとえば、ＮＴＴドコモは、５Ｇや映像、ＡＩ、ＸＲ、ロボティクスなどの最先端のＤＸテクノロジーを活用した、ソリューションや実験の場を全国各地に展開しています。これらは地域の産業を支える企業とのデジタル共創によるＤＸ人材の交流の場としても利用され、ローカル５Ｇと公衆５Ｇの相互接続の検証が可能なことから本格的な５Ｇソリューションの開発、検証のためのオープンラボなどに活用されています。また、ソフトバンクは本社自体をＤＸショールームとし、５Ｇソリューションを公開しています。

ＤＸ環境は急速に進化してきました。そのため、オンライン会議、デジタル媒体や端末の活用などからＤＸに向かう流れを実感することはできても、社会インフラのなかでどのようなパフォーマンスを発揮できるのかが理解できないという問題もありました。

デジタルシフトに対応したＤＸショールームが相次いで登場してきたことで、近未来環境をリアル環境のなかで体感できるようになってきたといえますが、いわゆるデジタルジャーニーをビジネスモデルとリンクさせたかたちで体験できる環境が整ってきたのです。デジタルサプライチェーンのイメージが物流企業にもその顧客となる荷主企業にも具体的に浮かび、その結果、３ＰＬ企業が提供する顧客企業向けのキラーソリューションとして、高度なＤＸ武装が注目されることになるはずです。

図7-2　庫内の完全自動化・無人化とDXのリンク

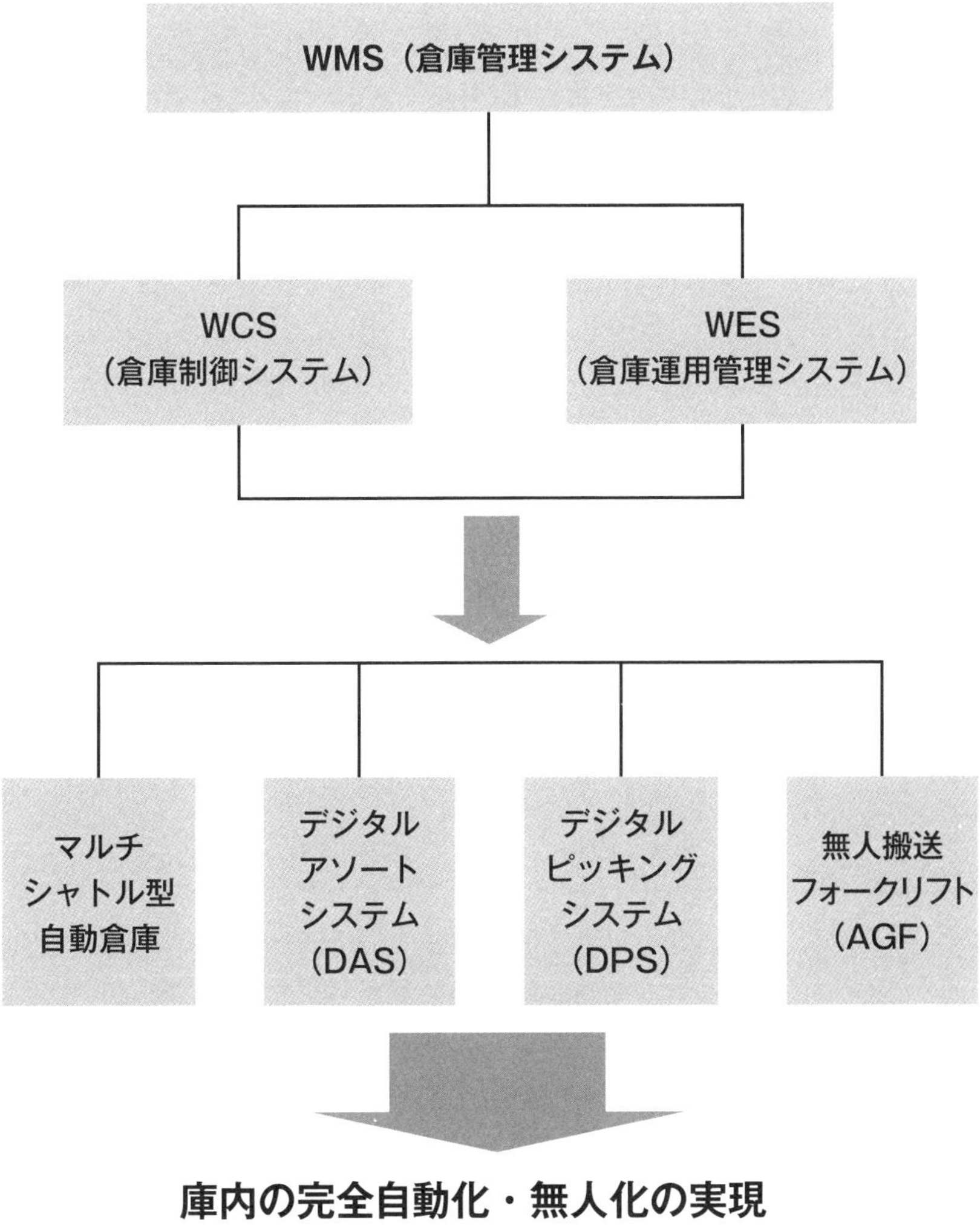

4 食料品のサプライチェーンを変えるフードテック、アグリテックの展開
――食品や農漁業にも広がるDX

デジタルテクノロジーで食品に関する諸問題の解決を図るフードテックやアグリテックに対する関心も高まっています。フードテックでは、食品の開発や調理に最新のテクノロジーが活用されています。たとえば今後、世界的な供給不足が予測されている動物性たんぱく質を人工的に作り出したり、遺伝工学を応用して動植物の成長速度を速めたりする研究が進んでいます。

さらにいえば食品流通についても、流通プロセスのさらなる可視化などが進められ、DXテクノロジーを導入した食品トレーサビリティ（追跡可能性）の構築が進んでいます。

また、外食時の食品の安全管理についても基準が厳しくなり、食品衛生法が改正され、HACCP（ハサップ）が義務化されました。ちなみにHACCPとは、食品事業者が食中毒汚染や異物混入などの危険要素を把握し、工程管理を行うための手法です。HACCP対応の衛生管理計画、温度や掃除のデジタル管理が進み、冷蔵庫などに組み込まれたセンサーがクラウドとリンクして必要なときに活用できるようなソリューションが注目を集めています。

フードテックの柱

食の安全性の向上が大きな社会的課題になっているなか、「可能な限り高品質で安全性の高い食品を購入したい」というニーズが強くなっています。フードテック関連へのグローバルな投資額の増加はその流れを受けているといえます。フードテック分野ではさらにAIやロボットの大

胆な導入が進んでいます。物流と情報通信のクロステクノロジーの発達でサプライチェーンの情報共有も大きく進展していることから、新しいビジネスモデルの構築が期待できる環境も生まれています。

フードロボット

フードロボットは、人手を介さないロボット調理システムで、レストランの運用を支援するロボットソリューションです。調理、盛り付け、洗浄といったバックヤード作業だけではなく、配膳、下膳といったフロント作業を担うロボットも登場しています。

第3世代自販機

第1世代自販機を通常の自動販売機、カップ型コーヒー自販機を第2世代とすると、第3世代自販機が登場しています。たんにできたものを販売するだけではなく、フード、ドリンクの調理、製造機能などが組み込まれています。スマートフォンやタブレット端末と連携したオーダーが可能で、自分好みの味付けなども可能です。

これまでは、自販機に通信モジュールが組み込まれ、各自販機の状況を遠隔で管理していました。ペットボトルなどの在庫管理と商品補充の迅速化などが目的です。たとえば高層ビルの上位階にある飲料自販機の商品補充で、作業者が納品車両と設置現場間を何度も往復しないように事前に在庫状況を把握してきました。そうした機能に加えて、第3世代自販機では、ユーザーごとの嗜好データを収集できるため、ダイレクトなマーケテングチャンネルとしても活用できます。

アグリテックの活用によるスマートフードチェーンの構築

農業においても完全自動化、無人化の流れが大きく進展しています。たとえば、トラクターの無人運転化も進んでいます。農業におけるトラクターは、トラックとフォークリフトをあわせたほどの機能を持ち、耕うん、草刈り、収穫物の運搬などの作業を中心的に担います。無人トラクターによる自動耕作の普及で大規模農場の完全自動化への道のりの大部分は出来上がってくるのです。さらにドローンによる空中からの農薬などの散布が可能になれば、人力で行う作業はほとんどなくなります。

ただし、これは米国などの大規模農場に限ったことで、規模が小さい我が国の場合は異なる対策が必要になってきます。そこで注目されているのが、スマートフードチェーンの構築です。

農作物として生産されたばかりの米穀や野菜などには商品として識別するＪＡＮコードがありません。そのため、情報システムを用いての管理が容易ではありませんでした。したがって、生産農場などのデータが市場データと紐付けされず、トレーサビリティの構築が高コスト化し難しいという状況に陥っていたのです。そこで生産情報を画像認識システムなどを導入して取り込むなどのアグリテックの活用で、個品管理、あるいは小ロット管理を可能にしていこうという方向性が出てきています。これまでの食品流通から最終消費者に至る出荷ケース単位などでのデータ管理を、画像認識システムなどを導入することでクラウドネイティブのデジタルプラットフォームに綿密な生産情報をアップしてフードチェーン全体で構築していこうというわけです。

もちろん、デジタルプラットフォームで生産者と流通がデータアライアンスを組めるようにな

図7-3　フードテックの進展によるレガシーからの脱却

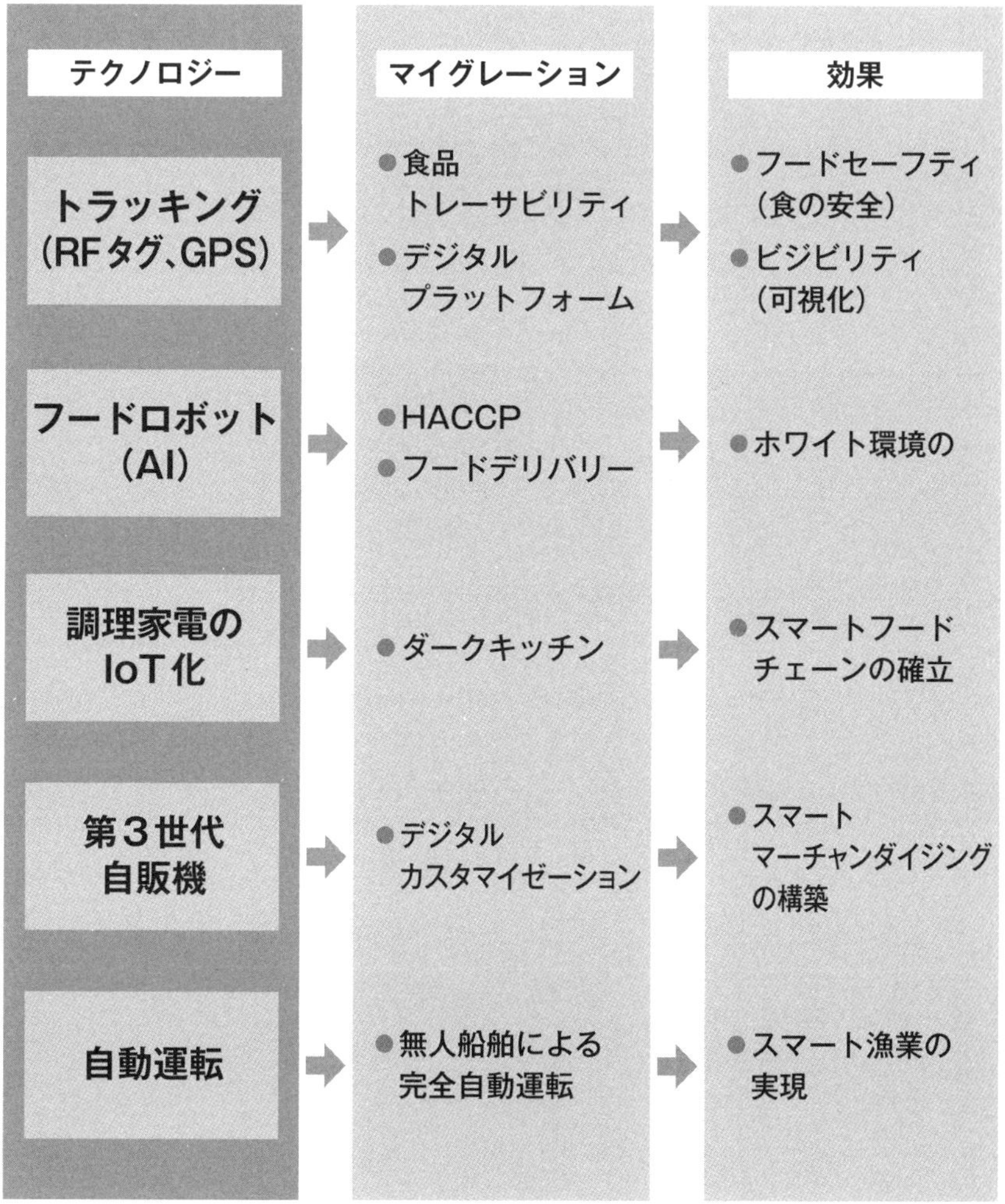

れば紙媒体での伝票は姿を消して、農業におけるＤＸも一挙に進展することになります。

注目される漁業サプライチェーンのスマート化

漁業も、生産者と流通を結ぶスマートサプライチェーンの構築を目指しています。

漁業では、海上のブイに通信機能やセンサーを搭載したＩＣＴブイが広く利用されています。たとえば、養殖場でＩＣＴブイを海上に設置することにより、出漁することなく、スマートフォンで周囲の水温などをチェックすることが可能となっています。これに画像認識システムを導入すれば、漁場や養殖場から最終消費者の食卓までの緻密なトレーサビリティの構築も不可能ではありません。

さらに、漁業の完全自動化も大きく進展していくはずです。海上貨物輸送が無人船舶による完全自動運転となる日も遠くはないでしょう。漁船に関していえば、近未来にはロボット中心の出漁となるかもしれません。画像認識による漁獲物の個品管理や小ロット管理の情報が、流通プロセス全域をカバーするデジタルプラットフォーム上で共有され、ネットスーパーなどを経由して最終消費者まで届けられることになるでしょう。すなわち可能な限り省人化された、無人オペレーションに近いかたちのサプライチェーンネットワークが構築されていくことになります。

もちろん、こうした流れから取り残されれば、レガシー化の流れのなかで行き場を失うことになるかもしれません。できれば太古から続く海と人とのつながりを完全には切り離してたくはないでしょう。

5 新しい輸送モードとしてのロジスティクスドローン
——高まるトラックとのハイブリッド輸送の可能性

期待される「ドローンハイウェイ構想」

デジタル地図メーカー大手のゼンリンは、日本全国の住宅一戸単位の詳細な地図情報を有しています。地図情報はアナログ媒体からデジタル化されたビッグデータとなっています。そこでゼンリンは地図コンテンツとIoTやAIを融合した総合DXソリューション企業を目指し、カーナビゲーション（カーナビ）の高度化につれてニーズの大きい3次元地図を含んだ地図プラットフォームの構築に積極的に取り組んでいます。

ゼンリンは、地図情報を生かして、ドローンの本格的な普及を前提とした「空の道路地図」の作成にも取り組んでいます。ドローン事業の発展を念頭に東電ベンチャーズ、楽天と協力して進めているのが「ドローンハイウェイ構想」です。ドローンの飛行にリスクとなる可能性のある各種情報をクラウドサーバーに収集して多階層に分類したデータモデルに統合し、APIを通じて外部システムにリアルタイムにデータを提供できる運行管理のデジタルプラットフォームの構築を目指すものです。

他方、東電ベンチャーズは、ドローンハイウェイに転用可能なインフラを有しています。たとえば送電線ネットワークをドローン配送ネットワークとリンクさせることで安全な航路を確保することができます。送電線や送電用鉄塔などの電力設備の周辺に住宅や道路は少なく、ドローン飛行を行うのであれば、一般航空機の航路を妨害するリスクも最小限に抑えられることになります。電力会社は、日常業務として送電線に流れる電流値を常にリアルタイムで把握しているため、「ドローンが送電線からどれだけの距離をおいて飛行すれば安全か」を知ることができるのです。加えて近年の変電所はコンパクト化の傾向にあり、「遊休地を利用したドローンの充電場所」とすることも可能です。

自律飛行による「空の道」の可能性

ドローンの空の道の候補として、電力設備以外に、河川の上空も有力な選択肢です。河川の上空は、落下時の被害防止という安全性、バッテリーの省力化という効率性、河川が都道府県をまたがることによる広域性などの観点からドローン物流のメイン幹線ルートと考えられています。

ドローンの自動・自律飛行には、自己位置を正確に把握するためのＧＰＳ情報が不可欠です。屋外環境なら正確なＧＰＳ情報が得られるので、ドローン用の３次元の空の地図を整備すれば、カーナビの経路探索機能のように、ドローンの出発地と到着地を設定し、安全な運航が可能になります。

このドローン自律飛行に必要な３Ｄルートの検索アルゴリズムは、限られたバッテリーを効率的に使用するための最短ルート検索を前提に開発されました。運航中にビルなどの障害物を回避し事故のリスクを減らしたり、悪天候や強風、人口密集地などを回避したりすることにも配慮されています。

ゼンリンが持つ日本全国の地図プラットフォームの２次元地図と３次元地図のデータベースは、人口統計情報、機体ログ情報、電波強度情報、有人機情報、気象情報、地図情報からなる統合システムとアクセスし、必要に応じて地図データ、属性データを呼び出せます。統合システムでは3次元可視化マップのAPIを介して利用者に情報を提供します。

自動運転に期待を寄せる物流業界

ロジスティクスドローンの輸送機能については、トラック運送事業者も大きな期待を寄せています。とくに関心が高いのはトラックとドローンのハイブリッド輸送です。

ゼンリンは準天頂GPSシステムを利用して、トラックとドローンのハイブリッド輸送を可能とするシステムを構築しています。ゼンリンのシステムを活用することで通常のGPS測位ではメートル単位となる着陸精度を、センチ単位の誤差まで低減できるようになり、走行中のトラックにドローンで空中から荷渡しすることが可能になります。

トラック運送会社がロジスティクスドローンを活用したハイブリッド輸送に関心を持つのにはいくつかの理由があります。

まずは少子高齢化で懸念されているトラックドライバー不足です。ラストワンマイルだけではなく、工場や店舗への多頻度小口納品に自律的なプログラムで運航させられるドローンがあれば、労働力を大きくカバーできることになるのです。しかもドローンの導入は低コストで可能です。トラック車両のほうは今後、自動運転や輸送DXなどとのリンクからIoT武装やAI搭載などの多機能化、高価格化が進む可能性があり、大手企業以外では新車購入の資金繰りも難しくなる可能性が出てきています。大量に新車のトラックに切り替えるとなるとキャッシュフローも悪化します。しかしロジスティクスドローンならば、トラックに比べてかなりの安価で購入が可能になります。

実際、軍事ロジスティクスでは、ドローンは軍事攻撃のみならず物資輸送にも活用されています。米国空軍でも自律型ロジスティクスドローンによる前哨基地への物資輸送などの検討に予算が使われています。原子力潜水艦への物資輸送にも使われています。これは原子力潜水艦が必要とする備蓄補給用の物資が少なく、ドローンの積載できる貨物量で十分対応できるということからです。また、米軍の貨物輸送機をベースに物資輸送を行ったドローンを空中回収するという技術も確立されています。

こうした技術が近い将来、企業物流やラストワンマイル配送に転用されていく可能性もきわめて高いといえます。

たとえば、西濃運輸はドローンを活用したスマート物流ＳｋｙＨｕｂ®により、トラック輸送の一元管理システムを構築しています。消費者が宅配便の受け取りで「ドローン配送」を選択すると、自宅近くのドローンスタンドに置き配をするというしくみです。医薬品、食料品、日用品といった緊急出荷が必要となるような物資を中心としています。ロジスティクスドローンを空中で目にすることが珍しくなくなる日は近いのです。

6 5Gによる医療サプライチェーンDXの展開
――デジタルホスピタルの進化で変わる診察システム

5Gの高速、大容量、低遅延通信は、医療サプライチェーンのDXの強力なツールになると思われます。とくに病院や医師の偏在の解消や、医療水準の平準化、そのなかでも医師対医師（D2D）の分野において、5Gの適用が期待されています。

医師対患者の遠隔診療などにおいては、通信の利用シーンとしては、オンライン相談、オンライン検査、オンライン診断、健診が中心になるので、必ずしも5Gの高速通信が必須ではなく、従来の4G通信でも対応が可能です。しかし、遠隔処置、治療、手術支援や遠隔ロボット手術といったD2Dの領域では、5Gの高速、大容量、低遅延通信機能が必要になってくるのです。

たとえば、遠隔手術では、実際の執刀は手術ロボットが執刀しますが、その操作は遠隔地にいる専門医が行います。その場合、手術部位の詳細な画像を手元のカメラで撮影し、その画像を5Gで専門医にストリーミング伝送し、専門医は患者の幹部の拡大映像を見ながら、遠隔でロボットを操作します。ミリ秒単位の伝送遅延が要求されます。

手術中の通信の断絶はオペレーションの進行に致命的であるため、アベイラビリティ（通信の安定性）は、きわめて高いレベルが要求されるのです。人命にかかわる話なので、高度な秘匿性が必要となることはいうまでもありません。

このような厳しい条件は、従来の通信サービスでは実現できないため、5Gへの期待が高まるのです。5Gの医療DXへの適用の可能性を探るため、多くの先進的な病院が実証実験を進めています。高精細リアルタイム映像伝送と手術オペレーションの効率化を目的としています。

AI化の展開が期待されるデジタルホスピタル

医療でもまだまだ多くの無駄な作業や改善の余地が残され、数多くのシステムがバラバラに運用されています。電子カルテ、X線などの画像をシェアする画像管理システム、検体検査システム、病院などにおいて患者の予約や受付を行うシステム、そしてレセプト（診療報酬明細書）作成システムなどが独立的に存在しています。これらのシステムが、患者、医療従事者や関係者においてスムーズに連携して機能することができれば、医療プラットフォームとして価値を発揮する可能性が出てきます。医療や健康に関するデータを活用するためのプラットフォームが必要になっているのです。

そこでデジタルホスピタルが注目を集めています。デジタルホスピタルとは、IoTやAI技術を駆使し、自動化された病院のコンセプトのことです。たとえば誤嚥性肺炎は、食べものが誤って気道に入ってしまうことが原因で発症する肺炎で、高齢者に多く見られます。誤嚥性肺炎のハイリスク患者を、電子カルテ情報をもとにAIで分析し事前にそのリスクを検出することにより、発症数を低減することができます。

多忙な病院では、実際の診察業務に加え、記録業務が大きな負担になっています。安全安心な医療行為のためには、正確な記録が欠かせません。看護師の発話情報を音声入力し、AIで解析し、自動的にカテゴリー分類を行うようにすることができるのです。

医薬品業界のサプライチェーンＤＸへの流れ

最近では、医薬品のサプライチェーンにも注目が集まっています。医薬品のサプライチェーンを考えた場合、他産業以上に重視されるのが研究開発です。製薬会社、医療機器メーカー、原薬製造会社、さらにはバイオ系のスタートアップ企業などがプロジェクトに加わり、新薬開発が行われます。

バイオテクノロジーの発達などの流れを受けて、医薬品業界では新薬開発へのさらなる投資が必要となってきました。新薬の基礎開発にあたっては、莫大な研究開発費を投下し続ける必要があるといわれています。他方、高齢化社会の本格到来を迎えた日本は、医薬分離などの医薬品流通システムの大幅な変革にも迫られています。これまで医薬品業界には多くの複雑な商慣行がありました。高齢化社会の本格到来を迎えた日本は、医薬分離などの医薬品流通システムの大幅な変革を迫られてきました。もっともこれまで医薬品業界には多くの複雑な商慣行がありました。流通システムの風通しも悪く、サプライチェーンマネジメント（ＳＣＭ）の構築でも苦労してきたのです。

製薬メーカーには医薬品の供給責任がありますが、調剤薬局経由の医薬品供給システムは十分に構築されているとはいえません。というのは欠品を避けるために、在庫はどうしても多めになるからです。ただし後発医薬品（ジェネリック薬品）ならば、新薬開発とは比較にならない低コストで、需要予測もしやすく、在庫水準も徹底的に抑えることができます。

医薬品のサプライチェーンを見ると、上流にはメガファーマーと呼ばれる世界的な医薬品大手企業がラインナップされているものの、調剤薬品については川下の病院、薬局などを統合するネットワークが必ずしも構築されているわけではないことがわかります。

もっとも、近年はドラッグストアのネットワークも大きく整備されてきました。組織的なドラッグストアの販売情報が、卸売業、メーカーなどと共有され始めているのです。

こうした状況のなかで医薬品サプライチェーンのキープレーヤーとなってきたのが大手医薬品卸売業です。医薬品のサプライチェーンを考える場合、安全性、確実性を高めることから、生産管理、品質管理、温度管理、衛生管理、使用期限管理などのデジタル化を前提としての徹底が必要です。もちろんデジタル情報が川上から川下までプラットフォーム上で共有されなければなりません。医薬品大手卸売業はその中核的な役割を担ってきたわけです。そしてその流れを受けて、日本医薬品卸売業連合会は、ＤＸを生かしながら新たな価値を創造する「医薬流通産業」の形成を目指し、活動を進めることに舵を切っています。

図7-4　医療DXの現場ニーズと効果

テクノロジー	現場ニーズ	効果
AIカメラ IoT	●院内作業の無人化 ●遠隔受付や面会	●オペレーションの見える化、業務時間の短縮
5Gによる高速伝達	●リモート病院管理 ●リモート教育やオペ支援	●デジタルプラットフォームの推進 ●医療関係者不足への対応
医療ロボティクス	●看医療ロボット 看護ロボット	●感染防止の「非接触」の実現
AR・VR・画像処理	●医療検診の最適化	●誤診・誤治療の解消

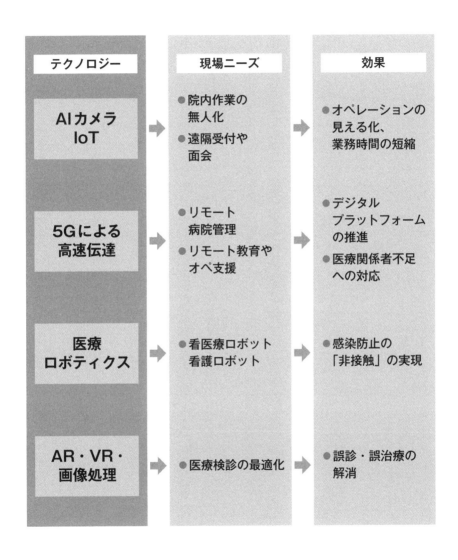

結びに代えて：物流ＤＸの導入を目指して

物流と情報の結びつきはこれまで以上に強くなってきました。現代物流は「たんにモノを運ぶこと」ではなく、「サプライチェーンの諸情報をいかに戦略的にモノに紐付けしていくか」ということにかかっているといっても過言ではありません。サプライチェーンの川上から川下までの生産、物流、小売流通の情報共有をクラウド上で一元管理するためのデジタルシフトが強く求められているわけです。その流れのなかで、物流を起点としてデジタルシフトを推進していくことがきわめて効果的であることを物流センターの無人化への流れなどを例にあげながら、説明してきました。物流ＤＸをストレスなく導入、実装していくための入り口となる実務に必要な知識を解説しました。

クラウド化やこれから訪れるであろう量子コンピュータによる新時代の物流には、レガシーシステムからの脱却と新たなる時代の原動力ともなるＤＸの推進が必要になっているのです。

主要参考文献

『ITアーキテクチャのセオリー』、中山嘉之、リックテレコム、2018年
『IT負債』、室脇慶彦著、日経BP、2019年
『アジャイルソフトウェア開発の奥義 第2版』、ロバート・C・マーチン他著、SBクリエイティブ、2008年
『医療白書2022年度版　DXがもたらす日本の医療の新潮流』、今中雄一著、日本医療企画、2022年
『グリーンサプライチェーンの設計と構築』、鈴木邦成著、白桃書房、2010年
『絵で見てわかるクラウドインフラとAPIの仕組み』、平山毅他著、翔泳社、2016年
『サプライチェーン・マネジメント概論：基礎から学ぶSCMと経営戦略』、苦瀬博仁著、白桃書房、2017年
『サプライチェーンマネジメントの理論と実践』、アーンスト・アンド・ヤング・アドバイザリー他著、幻冬舎、2013年
『サプライチェーン・ロジスティクス』、エドワード・H・フレーゼル著、高橋輝男・中野雅司訳、白桃書房、2007年
『システム設計のセオリー』、赤俊哉著、リックテレコム、2016年
『シン・物流革命』、鈴木邦成・中村康久共著、幻冬舎、2022年
『スマートサプライチェーンの設計と構築の基本』、鈴木邦成・中村康久共著、白桃書房、2020年
『スマート養殖技術』、小林透監修、エヌ・ティー・エス、2022年
『図解　物流センターのしくみと実務 第2版』、鈴木邦成著、日刊工業新聞社、2018年
『図解入門ビジネス WMS導入と運用のための99の極意［第2版］』、實藤政子他著、秀和システム、2017年
『戦略的SCM　新しい日本型グローバルサプライチェーンマネジメントに向けて』、圓川隆夫著、日科技連出版社、2015年
『トコトンやさしいSCMの本 第3版』、鈴木邦成著、日刊工業新聞社、2020年
『なぜ日本企業の情報システムは遅れているのか』、玉生弘昌著、日本能率協会マネジメントセンター、2003年
『農村DX革命』、三輪泰史他著、日刊工業新聞社、2019年
『物流情報システムの設計』、唐澤豊著、白桃書房、1992年
『物流DXネットワーク』、鈴木邦成・中村康久共著、NTT出版、2021年
『プラットフォーム革命』、アレックス・モザド他著、英治出版、2018年
『プラットフォームビジネス』、マイケル・A・クスマノ他著、有斐閣、2020年
『入門　物流現場の平準化とカイゼン』、鈴木邦成著、日刊工業新聞社、2021年
『入門　物流（倉庫）作業の標準化』、鈴木邦成著、日刊工業新聞社、2020年
『モデルベース要件定義テクニック』、神崎善司著、秀和システム、2013年
『よくわかる最新SAPの導入と運用』、村上均他著、秀和システム、2018年
『レガシーソフトウェア改善ガイド』、クリス・バーチャル他著、翔泳社、2016年

鈴木邦成（すずき・くにのり）

物流エコノミスト、日本大学教授（在庫・物流管理など担当）。博士（工学）（日本大学）。早稲田大学大学院修士課程修了。日本ロジスティクスシステム学会理事、日本SCM協会専務理事、日本物流不動産学研究所アカデミックチェア。ユーピーアールの社外監査役も務める。専門は、物流・ロジスティクス工学。主な著書に『物流DXネットワーク』（中村康久との共著、NTT出版）、『入門 物流現場の平準化とカイゼン』『入門 物流（倉庫）作業の標準化』『お金をかけずにすぐできる事例に学ぶ物流改善』『トコトンやさしい物流の本』『トコトンやさしい小売・流通の本』『物流・トラック運送の実務に役立つ 運行管理者（貨物）必携ポケットブック』（いずれも日刊工業新聞社）、『すぐわかる物流不動産』（公益社団法人日本不動産学会著作賞受賞、白桃書房）、『スマートサプライチェーンの設計と構築』（中村康久との共著、白桃書房）、『シン・物流革命』（中村康久との共著、幻冬舎）などがある。

中村康久（なかむら・やすひさ）

ユーピーアール株式会社・技術顧問。工学博士（東京大学）。NTT電気通信研究所、NTTドコモブラジル、ドコモUSA、NTTドコモを経て現職。麻布高校卒業後、東京大学工学部計数工学科卒業。元東京農工大学大学院客員教授（通信工学、モバイルIT戦略など担当）、放送大学講師（生活における地理空間情報の活用を担当）、フランステレコム中央研究所（CNET）にて滞在研究。スタンフォード大学短期MBAコース修了。主な著書に『Wireless Data Services-Technology, Business model and Global market』（ケンブリッジ大学出版）、『スマートサプライチェーンの設計と構築の基本』（鈴木邦成との共著、白桃書房）、『シン・物流革命』（鈴木邦成との共著、幻冬舎）などがある。IEEE技術委員会アジアパシフィック代表委員、ITU-R第３世代移動通信システム委員、郵政省PHS高度化利用委員会委員、総務省VICSプローブ懇談会委員、ITS情報通信システム推進会議3Gテレマティクス専門委員会委員長等歴任。

執筆章分担

鈴木　　　　　　：1、4、5、6章

中村　　　　　　：2、7章

鈴木・中村（共担）：3章

※各章ともに相互に内容をチェックしたうえで、鈴木が全体の監修を行った。

崖っぷちの物流DX導入マニュアル
ロジスティクスの最適化を急げ!

2023年11月30日　初版第1刷発行
著　者　鈴木邦成＋中村康久
発行者　東 明彦
発行所　NTT出版株式会社
〒108-0023　東京都港区芝浦3-4-1　グランパークタワー
営業担当　TEL 03（6809）4891　FAX 03-6809-4101
編集担当　TEL 03（6809）3276
https://www.nttpub.co.jp/

印刷・製本　中央精版印刷株式会社
装丁・本文デザイン／DTP　加藤敦之（frograph）

ISBN 978-4-7571-2389-2 C0034